2024
令和6年度版

必勝合格
宅建士
直前予想模試

総合資格学院 編

総合資格学院

はじめに

●「必勝合格 宅建士直前予想模試」の特長

本書は、高い合格率、抜群の的中率を誇る総合資格学院が総力を挙げて作成した予想問題を解き、試験直前期に欠かせない、本試験のシミュレーションを行うための模擬試験です。問題の選定は、長年の合格指導によって蓄積された合理的なノウハウによって裏打ちされたものばかり。もちろん、最新法令に合わせて毎年内容を改訂しています。みなさんも、ぜひ、この模擬試験を使って合格の栄冠を勝ち取ってください。

●「必勝合格 宅建士直前予想模試」の作成方針

宅建試験は、例年20万人以上の方が受験する人気のある資格試験ですが、その合格率は15%～17%前後。決して簡単な資格試験ではありません。この難関を突破するためには、過去問の演習だけでは足りません。過去問の演習と合わせて、過去問と同じレベルまたはよりハイレベルな新作問題に取り組み、難易度や出題傾向の変化に対応するためのトレーニングを積んでおく必要があります。

「必勝合格 宅建士直前予想模試」では、講座での受験指導を通じて蓄積されたノウハウに基づき、今年度に出題される可能性が高いと判断される新作問題を厳選して掲載しています。

●「必勝合格」シリーズを併用して最高の学習効果

「必勝合格 宅建士直前予想模試」の姉妹書として、「必勝合格 宅建士テキスト」及び「必勝合格 宅建士過去問題集」、並びに「必勝合格 宅建士オリジナル問題集」があります。このシリーズには、高い合格率を誇る講師の指導ノウハウが満載されており、本書と併用することで最高の学習効果が得られます。

●大手資格スクールの強力タッグによる「宅建士模試」で実力判定

「必勝合格　宅建士直前予想模試」の特長と使い方

●最新法改正に対応

本書は、令和６年４月１日（本試験出題基準日）までの法改正に関する問題のうち、本試験への出題が予想されるものはすべて入っていますので、安心して学習していただけます。

なお、「直前実力判定模試［問題・解説］」及び「法改正資料」をもれなくプレゼントいたします。ご希望の方は、本書挟み込み用紙のQRコードよりご応募ください。

本書に関する正誤などの最新情報がある場合は、ホームページにてご案内いたします。
定期的にご確認いただくとともに、試験直前には必ずご確認ください。

総合資格学院 HP　https://www.shikaku.co.jp
総合資格学院出版サイト　https://www.shikaku-books.jp

●ひと目でわかる本試験での難易度・重要度

【問１】　正解３

難易度	重要度
★★	A

解答・解説及び正解一覧表において、各問題の難易度を★印で表記しています。

★…………　**易しい**（正答率が60%以上と予想される問題）
★★………　**標　準**（正答率が40%以上60%未満と予想される問題）
★★★……　**難しい**（正答率が40%未満と予想される問題）

本試験での出題頻度や最新の出題傾向をもとに、各問題で問われている内容の重要度をＡ～Ｃの３ランクで表記しています。

A…………　必ず理解・記憶しておくべき内容を問う問題
B…………　このレベルまでは理解・記憶しておきたい内容を問う問題
C…………　余裕があればチャレンジしたい内容を問う問題

●自己採点及び苦手科目・分野の分析ができる正解一覧表

各回の解答・解説の冒頭に、自己採点及び苦手科目・分野の分析ができる正解一覧表を掲載しました。各回の模擬試験の自己採点の結果を比較して、自分の苦手科目・分野を把握し、直前期の学習を自分の苦手科目・分野に集中させましょう。

令和6年度　予想模擬試験［第0回］正解一覧表

【使い方】
1．問題ごとに、マークした解答を下記解答欄に書き込む。
2．正解と照らし合わせ、正誤欄に○× を付けていく。
3．正解一覧表の下にある点数表に自分の点数を科目ごとに書き込む。
4．点数が低い科目・分野については、解説を熟読する他、本シリーズのテキスト該当箇所を確認し、過去問題集及びオリジナル問題集の問題を解いて、解答力までチェックする。

科目	問題	難易度	重要度	項目	正解	解答	正誤
権利関係	1	★	A	制限行為能力者	0		
	2	★★	A	抵当権	0		
	3	★	A	共有	0		
	4	★★	A	債権譲渡	0		
	5	★★	B	相殺	0		
	6	★★	A	使用貸借・賃貸借	0		
	7	★	B	各種契約	0		
	8	★★	B	相続	0		
	9	★	A	不動産物権変動	0		
	10	★★★	A	連帯債務・連帯保証	0		
	11	★★	A	借地	0		
	12	★★	A	借家	0		
	13	★	A	区分所有法	0		
	14	★★★	B	不動産登記法	0		
法令上の制限	15	★★	A	都市計画の内容	0		
	16	★	A	開発許可	0		
	17	★★★	B	建築確認等	0		
	18	★★★	A	建築基準法総合	0		
	19	★★	A	農地法	0		
	20	★	A	宅地造成等規制法	0		
	21	★★★	B	土地区画整理法	0		
	22	★★	A	国土利用計画法	0		
税・価格	23	★★	A	不動産取得税	0		
	24	★★	A	印紙税	0		
	25	★★	B	不動産鑑定評価基準	0		

科目	問題	難易度	重要度	項目	正解	解答	正誤
宅地建物取引業法	26	★	A	免許換え	0		
	27	★★	B	担保責任についての特約の制限	0		
	28	★★★	A	免許の基準	0		
	29	★	A	媒介契約規制	0		
	30	★★	A	登録の基準等	0		
	31	★★	A	クーリング・オフ	0		
	32	★★	A	営業保証金	0		
	33	★★★	A	重要事項の説明	0		
	34	★★	A	案内所等の届出	0		
	35	★★	A	手付金等の保全措置	0		
	36	★	A	報酬	0		
	37	★	A	登録・宅地建物取引士証	0		
	38	★	A	37条書面	0		
	39	★	A	保証協会	0		
	40	★★★	A	三大書面	0		
	41	★	A	重要事項の説明	0		
	42	★	A	広告開始時期の制限等	0		
	43	★	B	監督処分	0		
	44	★	B	その他の業務規制	0		
	45	★	A	履行確保法	0		
免除科目	46	★★★	C	住宅金融支援機構法	0		
	47	★★	A	景表法	0		
	48	★★	A	不動産に関する統計	0		
	49	★★	A	土地	0		
	50	★★★	B	建物	0		

科目	権利関係（1～14）	法令制限（15～22）	税・価格（23～25）	宅建業法（26～45）	免除科目（46～50）	合計
点数	/14	/8	/3	/20	/5	/50

みなさんが、「必勝合格」シリーズをフル活用されて、令和６年度宅地建物取引士資格試験に合格されることを、心より祈念いたしております。

総合資格学院

CONTENTS

●はじめに ……………………………………………………………………………… i
●「必勝合格 宅建士直前予想模試」の特長と使い方……………………………… ii

巻頭特集

□ 特集 過去５年出題論点表 ………………………………………………………… 1

予想模擬試験

□ 第１回 問題 …………………………………………………………………… 5
□ 第２回 問題 …………………………………………………………………… 33
□ 第３回 問題 …………………………………………………………………… 61
□ 第１回 解答・解説 ……………………………………………………………… 89
□ 第２回 解答・解説 ……………………………………………………………… 111
□ 第３回 解答・解説 ……………………………………………………………… 133

宅美ちゃんの
宅建試験直前
心得
その1
受験票
その2
その3
その4
W.C
その5
合格を目指して
最後まであきらめずに
頑張れ！

えんぴつ（シャープペン）3本、消しゴム2個、受験票、腕時計など持ち物を準備する。
試験中は携帯電話の電源を入れられないので、時計代わりにしている人は注意。

事前に試験会場の場所、交通機関などをチェックする（事前に現地訪問するあるいはインターネットで調べる）。

前日は早めに就寝する。あせって徹夜で一夜漬けなどしない。

会場には1時間前には到着して、トイレの場所など確認しておく。

マークシートは必ず全部塗りつぶすこと。

宅建試験 過去5年出題論点表

令和元年から令和５年までの過去５年間に出題された論点を掲載しています。

●権利関係

	基本論点	R1	R2 10月	R2 12月	R3 10月	R3 12月	R4	R5
民法	権利の濫用・信義則					問1		
	制限行為能力者				問5	問3	問3･9	問8
	意思表示	問2	問6					
	代理	問5		問2		問5		
	取得時効		問10				問10	
	消滅時効	問9		問5				
	条件・期限						問5	
	物権変動	問1				問6	問1	問6
	占有権							
	相隣関係		問1			問2		問2
	共有			問10				
	地役権			問9				
	担保物権全般							
	留置権							
	質権							
	抵当権	問10				問10	問4	問10
	根抵当権							
	債務不履行			問4				
	債権者代位権・ 詐害行為取消権							
	連帯債務				問2			
	保証債務		問2･7					
	連帯債務・保証債務複合							
	債権譲渡				問6			
	弁済・相殺	問7						問4
	履行の提供							
	同時履行の抗弁権							
	危険負担							
	解除		問3					
	契約全般					問8		
	贈与		問9					
	手付							
	契約不適合責任	問3	問9	問7	問7	問4		

	基本論点	R1	R2 10月	R2 12月	R3 10月	R3 12月	R4	R5
民法	買戻し							
	消費貸借							
	使用貸借						問6	
	賃貸借	問11	問4	問6	問1	問9	問6・8	問9
	請負	問8						問3
	委任		問5				問9	
	組合							
	不当利得							
	不法行為	問4		問1	問8			
	複合問題その他				問3	問4		問5
	相続	問6	問8	問8	問4・9	問7	問2	問1・7
	親族			問3	問5			
借地借家法	借地関係	問11	問11	問11	問11	問11	問11	問11
	借家関係	問12	問12	問12	問12	問12	問12	問12
区分所有法	区分所有法	問13	問13	問13	問13	問13	問13	問13
不動産登記法	不動産登記法	問14	問14	問14	問14	問14	問14	問14

●法令上の制限

	基本論点	R1	R2 10月	R2 12月	R3 10月	R3 12月	R4	R5
国土利用計画法	国土利用計画法	問22	問22	問22	問22	問22	問22	問22
都市計画法	都市計画一般		問15	問15	問15		問15	問15
	都市施設			問15				
	開発行為と建築制限		問16					
	開発許可一般	問16	問16	問16	問16	問16	問16	問16
	開発許可基準							
	工事完了届							
	地域地区	問15	問15	問15		問15		問15
建築基準法	用途規制	問18	問18	問17	問18	問18	問18	
	道路規制	問18	問18	問18			問18	問18
	建蔽率	問18		問18		問18		問18
	容積率		問18					
	高さ制限		問18	問18			問18	問18
	防火地域・ 準防火地域内の規制	問17		問17	問17			問17
	建築協定							
	建築確認		問17		問17	問17	問17	
	単体規定	問17	問17	問17	問17	問17		問17
	敷地に関する規制							
	複合問題	問17・18	問17・18	問17・18	問17・18	問17・18	問17・18	問17・18
宅地造成等 規制法	宅地造成等規制法	問19		問19	問19	問19	問19	問19

基本論点		R1	R2 10月	R2 12月	R3 10月	R3 12月	R4	R5
土地区画整理法	土地区画整理法	問20	問20	問20	問20	問20	問20	問20
農地法	農地法	問21	問21	問21	問21	問21	問21	問21
その他の法令上の制限	その他の法令上の制限							問22

●宅地建物取引業法

基本論点		R1	R2 10月	R2 12月	R3 10月	R3 12月	R4	R5
宅地建物取引業法	宅地建物取引業の定義・免許	問26・42	問26	問26・29・44	問32	問34	問26	問38
	宅建業免許の基準	問43	問43	問31	問27			問29
	宅建業者の届出		問26・43	問38		問29		問32
	宅建業者総合		問26・43			問36		
	宅地建物取引士総合		問28	問29・43		問37	問29	問38
	宅地建物取引士の設置等	問35		問38	問29	問41		
	宅地建物取引士の登録	問44	問34	問38・43	問35			
	変更の登録・登録の移転等	問44	問28・34		問28・35		問33	
	事務所等						問26	
	営業保証金		問35	問33	問34		問41	問30
	宅地建物取引業保証協会	問33	問36	問30	問31	問39	問39・41	問44
業務に関する規制	広告に関する制限	問30・35	問27	問27	問30	問30・38	問37	問31
	媒介・代理契約の規制	問31	問29・38	問28・35	問38	問33	問31・42	問27・40
	重要事項説明	問28・39・41	問31・41・44	問32・38・42	問26・33・36	問32・35・44	問28・34・36・40	問33・42
	35条・37条複合				問37		問35	
	37条書面	問34・36	問33・37	問37	問41	問26・40・42	問32・44	問26・27・28・43
	業務上の規制	問27		問36・40	問43		問30	問28
	自ら売主制限総合		問32		問42	問27	問43	
	自己の所有に属しない物件制限	問27・35						
	クーリング・オフ	問38	問40	問39	問39	問43	問38	問35
	損害賠償額の予定等の制限							
	担保責任の特約の制限	問27	問42					
	手付に関する制限	問37						
	手付金等保全措置	問37	問42					問39
	報酬額の制限	問32	問30	問34	問44	問31	問27	問27・34
	標識・帳簿・従業者名簿・案内所等	問40	問39	問26・41	問29・40			問36・37
	不当な履行遅延禁止							
	監督・罰則	問29		問26		問28		問41
特定住宅瑕疵担保責任の履行の確保等に関する法律		問45	問45	問45	問45	問45	問45	問45

●税・その他

基本論点		R1	R2 10月	R2 12月	R3 10月	R3 12月	R4	R5
宅地及び建物についての税	固定資産税	問24		問24		問24	問24	
	不動産取得税		問24		問24			問24
	所得税	問23			問23			
	印紙税		問23				問23	問23
	登録免許税			問23		問23		
	相続税・贈与税							
住宅金融支援機構法	住宅金融支援機構法	問46	問46	問46	問46	問46	問46	問46
景表法・規約	景表法・規約	問47	問47	問47	問47	問47	問47	問47
地価公示法・不動産鑑定評価基準	地価公示法	問25		問25		問25	問25	
	不動産鑑定評価基準		問25		問25			問25
統計	統計	問48	問48	問48	問48	問48	問48	問48
建物・土地の知識	建物の知識	問50	問50	問50	問50	問50	問50	問50
	土地の知識	問49	問49	問49	問49	問49	問49	問49

令和６年度
宅地建物取引士資格試験
予想模擬試験
［第１回］
問　題

次の注意事項をよく読んでから、始めてください。

（注意事項）

1　問　　題

問題は、７ページから31ページまでの50問です。

試験開始の合図と同時に、ページ数を確認してください。

落丁や乱丁があった場合は、直ちに試験監督員に申し出てください。

2　解　　答

解答は、解答用紙の「記入上の注意」に従って記入してください。

正解は、各問題とも一つだけです。

二つ以上の解答をしたもの及び判読が困難なものは、正解としません。

3　適用法令

問題の中の法令に関する部分は、令和６年４月１日現在施行されている規定に基づいて出題されています。

令和６年度宅地建物取引士資格試験
予想模擬試験解答用紙［第１回］

記入上の注意

1. 氏名（フリガナ）及び受験番号を確認すること。
2. 氏名（漢字）欄に漢字で氏名を記入すること。
3. 解答は1問につき1つしかないので、2つ以上マークしないこと。
4. 記入に際しては必ずBまたはHBの鉛筆（シャープペンの場合は、なるべくしんの太いもの）を使用すること。
5. 同じマークを訂正する場合は、プラスチック消しゴムで完全に消してからマークし直すこと。
6. この解答用紙をよごしたり折り曲げたりしないこと。
7. （マーク欄）は下の良い例のようにマークすること。

良い例	ぬりつぶし

悪い例				
	うすい	はみだし	縦棒	丸
	小さい	レ点	横棒	バツ

実施日	令和　年　月　日	試験地		
		電算番号		
受験番号				
氏名	フリガナ			
	漢字			

この欄は記入しないこと							
0	0	0	0	0	0	0	0
1	1	1	1	1	1	1	1
2	2	2	2	2	2	2	2
3	3	3	3	3	3	3	3
4	4	4	4	4	4	4	4
5	5	5	5	5	5	5	5
6	6	6	6	6	6	6	6
7	7	7	7	7	7	7	7
8	8	8	8	8	8	8	8
9	9	9	9	9	9	9	9

解答欄

問題番号	解答番号	問題番号	解答番号
問1	① ② ③ ④	問26	① ② ③ ④
問2	① ② ③ ④	問27	① ② ③ ④
問3	① ② ③ ④	問28	① ② ③ ④
問4	① ② ③ ④	問29	① ② ③ ④
問5	① ② ③ ④	問30	① ② ③ ④
問6	① ② ③ ④	問31	① ② ③ ④
問7	① ② ③ ④	問32	① ② ③ ④
問8	① ② ③ ④	問33	① ② ③ ④
問9	① ② ③ ④	問34	① ② ③ ④
問10	① ② ③ ④	問35	① ② ③ ④
問11	① ② ③ ④	問36	① ② ③ ④
問12	① ② ③ ④	問37	① ② ③ ④
問13	① ② ③ ④	問38	① ② ③ ④
問14	① ② ③ ④	問39	① ② ③ ④
問15	① ② ③ ④	問40	① ② ③ ④
問16	① ② ③ ④	問41	① ② ③ ④
問17	① ② ③ ④	問42	① ② ③ ④
問18	① ② ③ ④	問43	① ② ③ ④
問19	① ② ③ ④	問44	① ② ③ ④
問20	① ② ③ ④	問45	① ② ③ ④
問21	① ② ③ ④	問46	① ② ③ ④
問22	① ② ③ ④	問47	① ② ③ ④
問23	① ② ③ ④	問48	① ② ③ ④
問24	① ② ③ ④	問49	① ② ③ ④
問25	① ② ③ ④	問50	① ② ③ ④

※切り取ってコピーしてお使いください。
※本試験では、あらかじめフリガナや受験番号の印刷された解答用紙が受験生に用意されていることがあります。
※この解答欄は令和５年度本試験の解答用紙をベースにデザインしたものです。

【問　1】　次の1から4までの記述のうち、民法の規定及び判例並びに下記判決文によれば、誤っているものはどれか。

（判決文）

「相続させる」旨の遺言は、当該遺言により遺産を相続させるものとされた推定相続人が遺言者の死亡以前に死亡した場合には、当該「相続させる」旨の遺言に係る条項と遺言書の他の記載との関係、遺言書作成当時の事情及び遺言者の置かれていた状況などから、遺言者が、上記の場合には、当該推定相続人の代襲者その他の者に遺産を相続させる旨の意思を有していたとみるべき特段の事情のない限り、その効力を生ずることはないと解するのが相当である。

1　特定の遺産を特定の相続人に「相続させる」旨の遺言があった場合、特段の事情がない限り、遺産分割の方法が指定されたものとして、当該遺産を当該相続人が単独で相続する。

2　特定の不動産を特定の相続人に「相続させる」旨の遺言があった場合、当該相続人の法定相続分を超える部分については、登記を備えなければ、第三者に対抗することができない。

3　遺産の全部を相続人の一人に贈与する旨の遺言があっても、遺言者が死亡する前に受遺者が死亡したときは、その遺贈は効力を生じない。

4　特定の遺産を特定の相続人に「相続させる」旨の遺言は、遺言者が、当該遺言により遺産を相続させるものとされた推定相続人が遺言者の死亡以前に死亡した場合には当該推定相続人の代襲者に当該遺産を相続させる旨の意思を有していたときでも、その効力を生ずることはない。

【問　2】　相隣関係に関する次の記述のうち、民法の規定によれば、誤っているものはどれか。

1　土地の所有者は、他人が所有する設備を使用しなければ電気の供給の継続的給付を受けることができないときは、継続的給付を受けるため必要な範囲内で、他人が所有する設備を使用することができるが、この場合、その利益を受ける割合に応じて、設備、改築、修繕及び維持に要する費用を負担しなければならない。

2　土地の所有者は、隣地の竹木の枝が境界線を越える場合、その竹木の所有者にその枝を切除させることができるにすぎず、竹木の所有者が不明な場合であっても、自らその枝を切り取ることはできない。

3　相隣者の一人は、共有の障壁の高さを、他の共有者の承諾なしに増すことができ、この場合、その高さを増した部分は、その工事をした者の単独の所有に属する。

4　土地の所有者は境界標の調査又は境界に関する測量の目的のため必要な範囲内で、隣地を使用することができる。

【問　3】 Aは、BのCに対する売買代金債務を担保するため、物上保証人又は保証人となった。この場合、民法の規定及び判例によれば、次の記述のうち正しいものはどれか。

1　Aが保証人の場合、AがCに対し当該売買代金債務が存在することを時効期間の経過前に承認したときは、当該債務の消滅時効の更新の効力が生じる。

2　Aが物上保証人の場合、BがCに対し当該売買代金債務が存在することを時効期間の経過前に承認したときは、Aは、当該売買代金債務の消滅時効の更新の効力を否定することができる。

3　Aが物上保証人の場合、Aは、当該売買代金債務の消滅時効を援用することができない。

4　Cの債務不履行を理由としてBが売買契約を有効に解除した場合、Bの支払済代金の返還請求権の消滅時効の客観的起算点は、解除の時である。

【問　4】 債権譲渡に関する次の記述のうち、民法の規定によれば、正しいものはどれか。

1　当事者が債権の譲渡を制限する旨の意思表示（以下「譲渡制限の意思表示」という。）をしたときは、その意思表示の存在を重大な過失により知らなかった譲受人は、当該債権を取得することができない。

2　当事者間で譲渡制限の意思表示がなされた債権を譲り受けた者がその意思表示の存在を知っていた場合でも、債務者は、その債務の履行を拒むことができず、譲渡人に弁済しても、これをもって譲受人に対抗することができない。

3　当事者間で譲渡制限の意思表示がなされた債権を譲り受けた者がその意思表示の存在を知っていた場合において、債務者が債務を履行しないときは、譲受人は、債務者に対して、相当の期間を定めて譲渡人への履行を催告することができ、その期間内に履行がないときは、直接自己に履行するように請求することができる。

4　債権譲渡の対抗要件が備えられる前に、債務者が、既に当該債権の譲渡人に弁済していた場合でも、債務者は、弁済の事実を当該債権の譲受人に主張することができない。

【問　5】 ＡがＢに対して1,000万円の金銭債権、ＢがＡに対して1,000万円の同種の債権を有する場合の相殺（ＡＢ間に特約はないものとする。）に関する次の記述のうち、民法の規定及び判例によれば、正しいものはどれか。

1　ＡＢの各債権が履行期に達した後、Ａの債権が時効によって消滅したときは、もはやＡＢ間に対立する債権は存在しないため、Ａは、Ｂに対して相殺をすることができない。

2　Ａの債権について弁済期の定めがなく、Ａから履行の請求がないときは、Ｂは、Ｂの債権の弁済期が到来しても、相殺をすることができない。

3　Ａの債務が、Ｂに対する悪意による不法行為に基づく損害賠償の債務である場合、Ｂは、相殺をもって、Ａに対抗することができる。

4　ＡがＢに対する債権を取得した後に、ＣがＢのＡに対する債権を差し押えたときは、Ａは、Ｂに対する相殺をもってＣに対抗することができない。

【問　6】 未婚で子供がいないＡには、父Ｂと母Ｃがいたが、母Ｃは既に死亡している。また、ＡにはＢとＣの実子である弟Ｄがおり、Ｄには配偶者Ｅと実子Ｆ、Ｇがいる。その後、ＢはＨと再婚し、Ｉが出生している。この場合に関する次の記述のうち、民法の規定によれば、正しいものはどれか。

1　Ｂは、遺言の全文、日付及び氏名を自書し、これに印を押したが、これと一体のものとして添付した相続財産の目録については、自書以外の方法で作成し、その毎葉に署名押印した。その後、Ｂが死亡したときは、当該遺言は効力を生じないため、Ｂの相続人とその法定相続分は、Ｈが２分の１、Ａが６分の１、Ｄが６分の１、Ｉが６分の１となる。

2　母方の祖母Ｊが健在である場合、Ａが死亡したときのＡの相続人とその法定相続分は、Ｂが２分の１、Ｊが２分の１となる。

3　Ｂも既に死亡していた場合、Ａが死亡したときのＡの相続人とその法定相続分は、ＤとＩがそれぞれ２分の１ずつとなる。

4　普段からＢに疎んじられていたＤが、故意にＢを死亡するに至らせ、刑に処せられた場合、Ｂの相続人とその法定相続分は、Ｈが２分の１、ＡとＩがそれぞれ６分の１ずつ、ＦとＧがそれぞれ12分の１ずつとなる。

【問　7】 各種契約に関する次の記述のうち、民法の規定によれば、正しいものはどれか。

1　Aが、自己が所有する建物を無償でBに与える意思表示をし、Bがこれを受諾しても、Bが当該建物の引渡しを受けていなければ、AB間の契約は効力を生じない。

2　Cが、自己が所有する建物を無償でDに使用収益させる意思表示をし、Dがこれを受諾しても、Dが当該建物の引渡しを受けていなければ、CD間の契約は効力を生じない。

3　請負契約は、当事者の一方が仕事を完成することを内容としていれば、報酬の支払の有無にかかわらず、その効力を生じる。

4　委任契約は原則として無償契約あって、報酬についての特約がない限り、受任者は委任者に対して報酬を請求することはできない。

【問　8】 物権変動に関する次の記述のうち、民法の規定及び判例によれば、正しいものはどれか。なお、この問において、第三者にはいわゆる背信的悪意者を含まないものとする。

1　不動産を購入した買主は、当該不動産を正当な権限なく不法に占有している者に対して、登記がなくてもその明渡しを請求することができる。

2　不動産売買契約に基づく所有権移転登記がなされた後に、売主が当該契約を適法に解除した場合、売主は、その旨の登記をしなくても、当該契約の解除前に当該不動産を買主から取得して所有権移転登記を備えた第三者に所有権を対抗することができる。

3　無権利の登記名義人を権利者と信じ、その者から不動産を購入し所有権移転登記を備えた者は、不実の登記について真の所有者に責められるべき事情が認められないときでも、当該不動産の真の所有者に所有権を対抗することができる。

4　取得時効の完成により不動産の所有権を適法に取得した者は、その旨の登記を備えていなくても、時効完成後に当該不動産を旧所有者から取得して所有権移転登記を備えた第三者に所有権を対抗することができる。

【問　9】 抵当権に関する次の記述のうち、民法の規定及び判例によれば、正しいものはどれか。

1　債務者がその所有する土地に抵当権を設定した後、当該土地上に建物を建築した場合、抵当権者は、抵当権設定者に対し、抵当権に基づき当該建物の収去を請求することができる。

2　土地に抵当権が設定された当時、その土地上に抵当権設定者の所有する建物が既に存在していた場合、その建物について所有権の保存の登記がされていなかったときは、法定地上権は成立しない。

3　第三者が抵当目的物を損傷させた場合でも、当該目的物の残存価格が被担保債権の担保として十分であれば、抵当権者は、当該第三者に対して、不法行為を理由として損害賠償を請求することができない。

4　抵当権者に対抗することができない賃貸借により抵当権の目的である土地を競売手続の開始前から使用する者は、その土地の競売における買受人の買受けの時から6か月を経過するまでは、その土地を買受人に引き渡す必要はない。

【問　10】 AはBに対して事業資金を貸し付け、Cがこの貸金債務を保証した場合に関する次の記述のうち、民法の規定によれば、正しいものはどれか。

1　Cが個人であり、BがCに対し、Bが他に負っている債務の額及びその履行状況について虚偽の情報を提供し、Cがその情報を信用して、Bから委託を受けて保証人となった場合、Bが虚偽の情報を提供したことをAが知っていたときは、Cは保証契約を取り消すことができる。

2　Cが法人であり、Bから委託を受けて保証人となった場合、Aは、Cから請求がないときでも、Cに対してBの主たる債務の債務不履行の有無等に関する情報を提供する義務を負う。

3　Cが法人であり、Bから委託を受けずに保証人となった場合、Bが期限の利益を喪失したときは、Aは、Cに対し、その利益の喪失を知った時から2か月以内にその旨を通知しなければならない。

4　Cが個人であり、Bから委託を受けずに保証人となった場合、Bが期限の利益を喪失したにもかかわらず、AがCにその旨を通知しなかったときは、Cは保証債務の履行を全て拒むことができる。

【問　11】 借地借家法に関する次の記述のうち、正しいものはどれか。

1　借地権の当初の存続期間中に借地上の建物の滅失があった場合、借地権者は地上権の放棄又は土地の賃貸借の解約の申入れをすることができる。

2　借地権の存続期間が満了する前に建物が滅失し、借地権者が借地権設定者の承諾を得て、残存期間を超えて存続すべき建物を築造したときは、借地権は、承諾があった日又は建物が築造された日のいずれか早い日から20年間存続する。

3　借地権の当初の存続期間中に借地上の建物の滅失があった場合で、借地権者が借地権設定者の承諾を得ないで残存期間を超えて存続すべき建物を築造したときは、借地権設定者は地上権の消滅の請求又は土地の賃貸借の解約の申入れをすることができる。

4　存続期間が満了し、契約の更新がない場合で、借地権者の建物が存続期間満了前に借地権設定者の承諾を得ないで残存期間を超えて存続すべきものとして新たに築造されたものであるときは、借地権者は、借地権設定者に対し当該建物を買い取るべきことを請求することができない。

【問　12】 Ａは、その所有する建物を、令和４年４月１日から令和６年３月31日までの２年間の約束でＢに賃貸した。この場合に関する次の記述のうち、借地借家法の規定及び判例によれば、正しいものはどれか。なお、当該賃貸借契約は、定期建物賃貸借ではないものとする。

1　Ａが、令和６年１月１日に、Ｂに対し契約を更新しない旨を通知したが、それに対しＢは何ら応答しなかった。この場合、契約は更新される。

2　Ａが、令和５年６月１日に、Ｂに対し契約を更新しない旨を通知した。通知当時に更新しないことにつき正当な事由があったときは、たとえ契約期間終了後Ｂが建物の使用を継続し、それに対しＡが遅滞なく異議を述べない場合でも、契約は更新されない。

3　当該契約が満了するまでの間、ＡＢ双方とも相手方に何ら通知をしなかった場合、従前と同一の条件で契約は更新されるから、更新後の契約期間は２年となる。

4　Ｂが、Ａの承諾を得て建物をＣに転貸していた。ＢＣ間の転貸借契約は、ＡＢ間の契約が期間満了により終了する場合には、ＡがＣに何らの通知をしなくとも、令和６年３月31日から６か月経過後に終了する。

【問　13】 建物の区分所有等に関する法律（以下この問において「区分所有法」という。）に関する次の記述のうち、正しいものはどれか。

1　区分所有法第62条の建替えは、集会において区分所有者及び議決権の各５分の４以上の多数による決議で行うことができるが、規約でこの定数を加重することはできないが、各４分の３とすることはできる。

2　建物の価格の３分の１に相当する部分が滅失した場合、集会において区分所有者及び議決権の各過半数による決議により、滅失した共用部分を復旧することができるが、規約で別段の定めをすることはできない。

3　建物の価格の３分の２に相当する部分が滅失した場合、集会において区分所有者及び議決権の各４分の３以上の多数による決議により、滅失した共用部分を復旧することができるが、区分所有者の定数を規約でその過半数まで減ずることができる。

4　区分所有者が区分所有法第６条第１項に規定する共同の利益に反する行為をした場合、管理組合法人が、当該区分所有者の区分所有権の競売を請求する訴訟を提起するには、区分所有者及び議決権の各４分の３以上の多数による集会の決議によらなければならない。

【問　14】 不動産の登記事項証明書の交付の請求に関する次の記述のうち、誤っているものはどれか。

1　登記事項証明書の交付を請求する場合は、請求に係る不動産の所在地を管轄する登記所以外の登記所の登記官に対してもすることができる。

2　何人も、登記官に対し、手数料を納付して、書面をもって作成された登記事項証明書の交付のほか、電磁的記録をもって作成された登記事項証明書の交付を請求することもできる。

3　送付の方法によって、登記事項証明書の交付を請求する場合には、書面により請求する方法のほか、電子情報処理組織を使用して請求することができる。

4　登記事項証明書の交付を請求するに当たり、請求人は、正当な理由があることを明らかにする必要はない。

【問　15】 都市計画法に関する次の記述のうち、正しいものはどれか。

1　準都市計画区域においては、無秩序な市街化を防止し、計画的な市街化を図るために必要と認められる場合であっても、市街化区域と市街化調整区域との区分を定めることはできない。

2　特定用途制限地域は、用途地域内において、その良好な環境の形成又は保持のため該当地域の特性に応じて、合理的な土地利用が行われるよう、制限すべき特定の建築物等の用途の概要を定める地域である。

3　高層住居誘導地区は、住居と住居以外の用途とを適正に配分し、利便性の高い高層住宅の建設を誘導するために定められる地区であり、第二種中高層住居専用地域において定めることができる。

4　高度利用地区は、用途地域内において市街地の環境を維持し、又は土地利用の増進を図るため、建築物の高さの最高限度又は最低限度を定める地区とされている。

【問　16】 都市計画法の開発許可に関する次の記述のうち、誤っているものはどれか。

1　区域区分が定められていない都市計画区域内の農地において、野球場を建設するため２ha の規模の開発行為を行う場合は、開発許可を受ける必要はない。

2　市街化区域内の既に造成された宅地において、敷地面積が1,500㎡の共同住宅を建築する場合、当該宅地の区画形質の変更を行わないときには、開発許可を受ける必要はない。

3　市街化調整区域内の農地において、農業を営む者がその居住用の住宅を建築するため開発行為を行う場合は、開発許可を受ける必要はない。

4　市街化区域内の山林において、土地区画整理事業（規模５ha）の施行として開発行為を行う場合は、開発許可を受ける必要はない。

【問　17】　建築基準法の確認に関する次の記述のうち、正しいものはどれか。ただし、都道府県知事が都道府県都市計画審議会の意見を聴いて指定する区域及び市町村長が指定する区域については、考慮に入れないものとする。

1　個人の住宅を、共同住宅の用途に供する部分の床面積が300㎡の建築物に用途変更しようとする場合には、建築確認を受け、確認済証の交付を受ける必要がある。

2　木造3階建てで、延べ面積が150㎡の住宅を改築しようとする場合において、その改築に係る部分の床面積の合計が10㎡であるときは、必ず建築確認を受け、確認済証の交付を受ける必要がある。

3　建築主事は、建築確認申請に係る特殊建築物の計画が、建築基準関係規定に適合することを確認したときは、原則として、申請書を受理した日から21日以内に確認済証を交付しなければならない。

4　文化財保護法の規定によって重要文化財として指定された建築物について大規模の修繕をしようとする場合、建築確認を受ける必要がある。

【問　18】　次の記述のうち、建築基準法（以下この問において「法」という。）の規定によれば、誤っているものはどれか。

1　第二種低層住居専用地域内においては、建築物の高さは、一定の場合を除き、10ｍ又は12ｍのうち当該地域に関する都市計画において定められた建築物の高さの限度を超えてはならない。

2　都市計画により建蔽率が10分の6と定められている近隣商業地域においては、防火地域内にある耐火建築物については、法第53条第1項から第5項までの規定に基づく建蔽率に関する制限は適用されない。

3　建築物の容積率の算定の基礎となる延べ面積には、老人ホームに設ける一定の基準に適合する給湯設備を設置するための機械室の部分の床面積は、算入されない場合がある。

4　第二種住居地域においては、店舗の用途に供する建築物で当該用途に供する部分の床面積の合計が10,000㎡を超えるものは、原則として建築することができない。

【問　19】 農地法に関する次の記述のうち、正しいものはどれか。

1　農地を相続により取得する場合は、農地法上の許可を得る必要はなく、届出もする必要はない。

2　国又は都道府県が農地の所有権を取得する場合には、農地法第３条第１項の許可を受ける必要はない。

3　建設業者が、工事完了後農地に復元して返還する条件で、市街化調整区域内の農地を一時使用の目的で借り受けた場合、農地法第５条第１項の許可を受ける必要はない。

4　市街化区域内において農地を住宅建設のために取得する場合には、都道府県知事へ農地法第５条第１項の届出をする必要がある。

【問　20】 宅地造成及び特定盛土等規制法による宅地造成等工事規制区域内において、宅地造成等に関する工事を行う場合に、同法による都道府県知事（地方自治法に基づく指定都市及び中核市にあってはその長）の許可を受ける必要のないものは、次のうちどれか。

1　農地を宅地にするために行う面積が400㎡の土地の形質の変更で、高さが３ｍの崖を生ずる切土

2　公園を宅地にするために行う面積が600㎡の土地の形質の変更で、高さが１ｍの崖を生ずる盛土

3　宅地において行う面積が300㎡の土地の形質の変更で、高さが２ｍの崖を生ずる切土

4　農地において行う最大時の高さが３ｍの土石の堆積で一定期間の経過後に当該土石を除却するもの

【問　21】 土地区画整理法に関する次の記述のうち、正しいものはどれか。

1　土地区画整理事業の施行地区において仮換地の指定がされた場合、従前の宅地の所有者は、換地処分の公告がある日までの間において、当該宅地を売却することができ、その場合の所有権移転登記は、従前の宅地について行うこととなる。

2　土地区画整理組合が成立した場合において、施行地区内の宅地について所有権を有する者は、すべて組合員となるが、借地権を有する者は、組合員とならない。

3　土地区画整理組合が甲市内（乙県）で施行する土地区画整理事業にあっては、当該事業に係わる換地処分の公告がある日まで、施行地区内における建築物の新築について乙県知事の許可を受けなければならない。

4　土地区画整理組合が施行する土地区画整理事業について定めるべき事業計画においては、施行地区となるべき区域内の宅地の所有者及び借地権者の全員の同意を得なければならない。

【問　22】 国土利用計画法第23条の都道府県知事への届出（以下この問において「事後届出」という。）に関する次の記述のうち、正しいものはどれか。

1　宅地建物取引業者Aが、国の所有する市街化区域内の3,000㎡の土地と甲県が所有する市街化調整区域内の6,000㎡の土地を買い受ける契約を締結した場合、Aは、事後届出を行う必要がある。

2　宅地建物取引業者Bが、宅地建物取引業者Cの所有する市街化区域内の2,000㎡の土地を購入する契約を締結した場合、B及びCが契約締結日から起算して2週間以内に事後届出を行わなかったときは、B及びCは、6月以下の懲役又は100万円以下の罰金に処せられる場合がある。

3　宅地建物取引業者Dが、事後届出に係る土地の利用目的について、乙県知事から勧告を受けたにもかかわらず、当該勧告に従わなかった場合、乙県知事は、当該土地に関する権利の処分についてのあっせんの措置を講じなければ、当該勧告の内容を公表することができない。

4　丙県知事が宅地建物取引業者Eに対して、事後届出に係る土地の利用目的について勧告をした場合において、必要があると認めるときは、Eに対し、その勧告に基づいて講じた措置について報告をさせることができる。

【問　23】 固定資産税に関する次の記述のうち、正しいものはどれか。

1　小規模住宅用地のうち、空家等対策の推進に関する特別措置法第14条第2項の規定により所有者等に対し勧告がされた同法第2条第2項に規定する特定空家等の敷地の用に供されている土地に対して課する固定資産税の課税標準は、当該小規模住宅用地に係る固定資産税の課税標準となるべき価格の6分の1の額である。

2　令和6年の途中において、土地の売買があった場合、当該土地に対して課税される令和6年度の固定資産税の納税義務者は買主である。

3　固定資産の所有者の所在が震災、風水害、火災等によって不明である場合には、その使用者を所有者とみなして固定資産課税台帳に登録し、その者に固定資産税を課することができる。

4　市町村は、一個の家屋に対して課する固定資産税の課税標準となるべき額が、財政上その他特別の必要があるとして市町村の条例で定める場合を除き、20万円に満たない場合には、固定資産税を課することができない。

【問　24】 印紙税に関する次の記述のうち、誤っているものはどれか。

1　土地の売買契約書（記載金額2,000万円）を3通作成し、売主A、買主B及び媒介した宅地建物取引業者Cがそれぞれ1通ずつ保存する場合、Cが保存する契約書にも印紙税は課される。

2　一の契約書に土地の譲渡契約（譲渡金額4,000万円）と建物の建築請負契約（請負金額5,000万円）をそれぞれ区分して記載した場合、印紙税の課税標準となる当該契約書の記載金額は、9,000万円である。

3　「建物の電気工事に係る請負金額は2,200万円（うち消費税額及び地方消費税額が200万円）とする」旨を記載した工事請負契約書について、印紙税の課税標準となる当該契約書の記載金額は、2,000万円である。

4　土地譲渡契約書に課税される印紙税を納付するため当該契約書に印紙をはり付けた場合には、課税文書と印紙の彩紋とにかけて判明に消印しなければならないが、契約当事者の従業者の印章又は署名で消印しても、消印したことになる。

【問　25】　地価公示法に関する次の記述のうち、正しいものはどれか。

1　不動産鑑定士は、土地鑑定委員会の求めに応じて標準地の鑑定評価を行うに当たっては、近傍類地の取引価格から算定される推定の価格、近傍類地の地代等から算定される推定の価格及び同等の効用を有する土地の造成に要する推定の費用の額を勘案しなければならない。

2　地価公示の標準地は、自然的及び社会的条件からみて類似の利用価値を有すると認められる地域において、土地の利用状況、環境等が最も優れていると認められる一団の土地について選定するものとする。

3　土地鑑定委員会は、公示区域内の標準地について、毎年１回、１人以上の不動産鑑定士の鑑定評価を求め、その結果を審査し、必要な調整を行って、一定の基準日における当該標準地の単位面積当たりの正常な価格を判定し、これを公示する。

4　土地収用法その他の法律によって土地を収用することができる事業を行う者は、公示区域内の土地を当該事業の用に供するため取得する場合において、当該土地の取得価格を定めるときは、公示価格を指標とするよう努めなければならない。

【問　26】　次の記述のうち、宅地建物取引業法（以下この問において「法」という。）の規定によれば、正しいものはどれか。

1　宅地建物取引業者は、地価公示法第２条に規定する標準地の価格の判定のための資料として、そのための鑑定評価を担当する不動産鑑定士に不動産取引事例を提供する場合であっても、業務上取り扱ったことについて知り得た秘密に関することを提供することはできない。

2　宅地建物取引業者が、アンケート調査を装って個人宅を訪問し、マンションの売買の勧誘を行った場合、その目的がマンションの売買の勧誘だったことを最後に告げさえすれば、法に違反しない。

3　宅地建物取引業者は、マンション（20戸）の分譲を仮設テント張りの案内所を設置して行う場合、当該案内所には、クーリング・オフ制度の適用がある旨等所定の事項を表示した標識を掲げなければならない。

4　成年である宅地建物取引業者は、宅地建物取引業の業務に関し行った行為について、行為能力の制限を理由に取り消すことができる。

【問　27】　宅地建物取引業者Ａ社が、Ｂから自己所有の宅地の売買の媒介を依頼された場合における次の記述のうち、宅地建物取引業法の規定によれば、誤っているものはいくつあるか。なお、書面の交付又は引渡しに代えて、電磁的方法により提供する場合は考慮しないものとする。

ア　Ａ社は、Ｂとの間で専任媒介契約を締結し、所定の事項を指定流通機構に登録したときは、その登録をした旨の書面を自ら作成し、遅滞なくＢに引き渡さなければならない。

イ　Ａ社は、Ｂとの間で締結した媒介契約が一般媒介契約である場合であっても、所定の事項を指定流通機構に登録することができる。

ウ　Ａ社は、Ｂとの間で専任媒介契約を締結した場合、当該宅地の売買契約が成立したときは、遅滞なく、その旨を指定流通機構に通知しなければならない。

エ　Ａ社は、Ｂとの間で専任媒介契約を締結したときは、Ｂからの申出があったとしても、所定の事項を指定流通機構に登録しない旨の特約を定めることはできない。

1　一つ
2　二つ
3　三つ
4　四つ

【問　28】　宅地建物取引士の登録に関する次の記述のうち、誤っているものはどれか。

1　宅地建物取引士Ａが、登録を受けている都道府県知事から事務禁止の処分を受け、その禁止の期間中にＡからの申請により登録が消除された場合、事務禁止の期間が満了するまでの間は、Ａは、新たな登録を受けることができない。

2　法定代理人から宅地建物取引業の営業に関し許可を得た未成年者Ｂは宅地建物取引士の登録を受けることができ、常勤の従業員として宅地建物取引業者の事務所に勤務する場合には、その事務所における成年者である専任の宅地建物取引士とみなされる。

3　宅地建物取引士Ｃが、事務禁止処分に違反したとして登録の消除処分を受けた場合、Ｃは、その処分の日から５年を経過しなければ、新たな登録を受けることはできない。

4　宅地建物取引士Ｄが、刑法第247条（背任）の罪により罰金の刑に処せられた場合、30日以内に、登録を受けている都道府県知事に届け出なければならない。

【問　29】　売主をA、買主を宅地建物取引業者でないBとする宅地の売買契約において、宅地建物取引業法（以下この問において「法」という。）第37条の2の規定に基づく売買契約の解除（以下この問において「解除」という。）に関する次の記述のうち、正しいものはどれか。

1　宅地建物取引業者CがAの代理人としてBと喫茶店において売買契約を締結した場合であれば、Aが宅地建物取引業者でないときでも、Bは、Aとの売買契約の解除をすることができる。

2　Aが宅地建物取引業者であっても、Aが媒介を依頼した宅地建物取引業者Dが設置した案内所でBが買受けの申込みをし、Aとの売買契約を締結した場合であれば、当該案内所が土地に定着する建物内に設けられた案内所で、かつ、法第31条の3第1項の規定により同項に規定する宅地建物取引士を置くべきものであっても、Bは、Aとの売買契約の解除をすることができる場合がある。

3　Aが宅地建物取引業者であり、ABがAの自宅で売買契約を締結した場合、Aから法第37条の2に規定する内容について告げられていないときであっても、Bは、Aとの売買契約の解除をすることができなくなる場合がある。

4　Bが書面によらずにAとの売買契約の解除の意思表示をしたとき、これがAに到達しても当該解除の効果は発生せず、Bが書面によりAとの売買契約の解除の意思表示をした場合でも、それが一定の方式に基づいていないときは、当該解除の効果は発生しない。

【問　30】　宅地建物取引業者A社が、自ら売主として宅地建物取引業者でない買主Bとの間で締結する建築工事完了後の建物の売買契約に関する次の記述のうち、民法及び宅地建物取引業法の規定並びに判例によれば、正しいものはどれか。

1　当該契約において、当事者の債務の不履行を理由とする契約の解除に伴う損害賠償の額を予定し、違約金を定める場合、これらを合算した額について代金の額の10分の3とする旨の特約を定めることができる。

2　当該契約の締結に際し、BがA社に手付金を支払い、さらに中間金を支払った場合、Bは、A社が契約の履行に着手していないときであれば、支払った手付金を放棄して契約の解除をすることができる。

3　当該契約において、Bが契約不適合責任に基づく請求をすることができる通知期間として、Bが不適合を知った時から2年間とする旨の特約を定めることはできない。

4　当該契約の締結に際し、A社がBから代金の額の10分の2の手付金を受領する場合には、当該手付金を受領するまでに、宅地建物取引業法第41条の2の規定に基づく保全措置を講じる必要はない。

【問　31】 営業保証金に関する次の記述のうち、宅地建物取引業法の規定によれば、正しいものはどれか。

1　宅地建物取引業者（甲県知事免許）が、新たに支店を設置した場合は、その支店について営業保証金の供託をすることにより業務を開始することができるが、業務を開始した後遅滞なく、甲県知事に対し供託した旨の届出をしなければならない。

2　宅地建物取引業者（甲県知事免許）が法定の金額の営業保証金を供託して事業を行っている場合、当該業者が所有する宅地を購入した買主が宅地建物取引業者のとき、買主は、当該宅地の売買代金債権について、当該営業保証金から、その弁済を受ける権利を有しない。

3　宅地建物取引業者（国土交通大臣免許）は、本店を設置する場合には1,000万円、支店1か所を設置する場合については500万円の営業保証金を法務大臣及び国土交通大臣が定める供託所に供託しなければならない。

4　金銭及び地方債証券で営業保証金を供託している宅地建物取引業者は、その本店を移転したためその最寄りの供託所が変更した場合、金銭の部分については、供託している供託所に対し、移転後の本店の最寄りの供託所への営業保証金の保管替えを請求しなければならず、地方債証券の部分については、移転後の本店の最寄りの供託所に対し、新たに営業保証金を供託しなければならない。

【問　32】 宅地建物取引業の免許（以下この問において「免許」という。）に関する次の記述のうち、正しいものはどれか。

1　A社の役員のうちに、暴力団員による不当な行為の防止等に関する法律第2条第6号に規定する暴力団員がいた場合、同法の規定に違反していないときは、A社は免許を受けることができる。

2　B社の役員Cは、宅地建物取引業者D社の役員として在籍していたが、その当時、D社の役員Eがかつて禁錮以上の刑に処せられ、その刑の執行が終わった日から5年を経過していないとしてD社は免許を取り消されている。この場合、B社は、D社が免許を取り消されてから5年を経過するまでは、免許を受けることはできない。

3　宅地建物取引業者F社が、引き続いて1年以上事業を休止した場合、免許の取消しの対象となることはない。

4　G社の役員のうちに、刑法第235条の窃盗罪により罰金の刑に処せられ、その刑の執行が終わった日から5年を経過しない者がいる場合であっても、G社は免許を受けることができる。

【問　33】 宅地建物取引業法第35条に規定する重要事項の説明に関する次の記述のうち、正しいものはどれか。

1　相手方等の承諾を得れば、重要事項説明書を電磁的方法により提供することができるが、この場合の相手方等の承諾は、書面や電子メール等で取得する必要があり、口頭による取得は認められていない。

2　重要事項説明書を電磁的方法により提供する場合、宅地建物取引士の記名に代わる措置を講ずる必要はない。

3　重要事項の説明は、対面ではなくテレビ会議等のＩＴを活用することも可能であり、また、ＩＴ環境を持たず映像を見せることができない相手方等の場合には、電話による方法も認められている。

4　宅地建物取引士は、テレビ会議等のＩＴを活用して重要事項の説明を行うときは、相手方の承諾があれば宅地建物取引士証の提示を省略することができる。

【問　34】 宅地建物取引業者Ａ社が、自ら売主として行う宅地（代金3,000万円）の売買に関する次の記述のうち、宅地建物取引業法の規定に違反しないものはいくつあるか。

ア　Ａ社は、宅地建物取引業者でない買主Ｂとの間で、割賦販売の契約を締結し、引渡しを終えたが、Ｂは1,000万円しか支払わなかったため、宅地の所有権の登記をＡ社名義のままにしておいた。

イ　Ａ社は、宅地建物取引業者でない買主Ｃとの間で、割賦販売の契約を締結したが、Ｃが賦払金の支払を遅延した。Ａ社は、30日の相当の期間を定めて書面にて支払を催告したが、Ｃがその期間内に賦払金を支払わなかったため、契約を解除した。

ウ　Ａ社は、Ｄが所有する宅地を取得する見込みが立ったため、Ｄから当該宅地を取得する契約（予約を含む。）を締結する前に、購入を強く希望していた宅地建物取引業者でない買主Ｅとの間で、売買契約を締結した。

1　一つ
2　二つ
3　三つ
4　なし

【問 35】 宅地建物取引業者Aが、自ら売主として宅地建物取引業者でない買主Bとの間で、建築工事完了前のマンションの売買契約を締結するに当たり、宅地建物取引業法第41条の規定に基づく手付金等の保全措置（以下この問において「保全措置」という。）が必要な場合における次の記述のうち、同法の規定によれば、正しいものはいくつあるか。

ア　Aが受領した手付金の返還債務のうち、代金の額の５％を超えた額についてのみ保証することを内容とする保証委託契約をAと銀行との間であらかじめ締結したときは、Aは、代金の額の20％に相当する額の手付金を受領することができる。

イ　売買契約において、当該マンションの代金の額の10％に相当する額の中間金を支払う旨の定めをしたが、Aが保全措置を講じないことを理由に、Bが支払いを拒むことができるのは代金の額の５％を超える部分であるため、５％以下の部分について支払いがされない場合は、Aは、Bの当該行為が債務不履行に当たるとして契約を解除することができる。

ウ　AがあらかじめBに対して、手付金の受領後遅滞なく保全措置を講じる予定である旨を、書面を交付して説明した場合、Aは、保全措置を講じることなく、当該マンションの代金の額の10％に相当する額を手付金として受領することができる。

エ　Aが受領する手付金の半額について銀行との間で保証委託契約を締結し、残りの半額については、その返還債務を連帯して保証することを委託する契約をAとAの代表取締役との間であらかじめ締結したときは、Aは、当該マンションの代金の額の20％に相当する額を手付金として受領することができる。

1　なし
2　一つ
3　二つ
4　三つ

【問　36】 消費税の課税事業者である宅地建物取引業者甲は、Ａの依頼を受け、消費税の課税事業者である宅地建物取引業者乙は、Ｂの依頼を受け、貸主Ａ所有の居住用建物を、権利設定の対価としての権利金を200万円、１か月当たりの賃料を10万円として、ＡＢ間の賃貸借を成立させた。この場合、甲及び乙が受領できる報酬の額に関する次の記述のうち、宅地建物取引業法の規定によれば、正しいものはどれか。なお、ＡＢは、報酬につき特別の承諾等は与えていないものとする。

1　甲が媒介で、乙が代理の場合、甲はＡから８万8,000円、乙はＢから13万2,000円の報酬を受領できる。

2　甲と乙がともに媒介の場合、甲はＡから11万円、乙はＢから11万円の報酬を受領できる。

3　甲が代理で、乙が媒介の場合、甲はＡから２万2,000円、乙はＢから８万8,000円の報酬を受領できる。

4　甲が媒介で、乙が代理の場合、甲はＡから５万5,000円、乙はＢから５万5,000円の報酬を受領できる。

【問　37】 宅地建物取引士の登録（以下この問において「登録」という。）及び宅地建物取引士証に関する次の記述のうち、民法及び宅地建物取引業法の規定によれば、正しいものはどれか。

1　宅地建物取引士証を亡失し、その再交付を申請している者は、再交付を受けるまでの間であれば、再交付申請書の写しを提示することにより、宅地建物取引業法第35条に規定する重要事項の説明をすることができる。

2　未成年者は、登録実務講習を修了すれば、法定代理人から宅地建物取引業を営むことについての許可を受けなくても、登録を受けることができる。

3　甲県知事から宅地建物取引士証の交付を受けている者が、宅地建物取引士としての事務を禁止する処分を受け、その禁止の期間中に本人の申請により登録が消除された場合、その者が乙県で宅地建物取引士資格試験に合格すれば、直ちに乙県知事の登録を受けることができる。

4　登録を受けている者は、宅地建物取引士証の交付を受けていない場合であっても、その住所に変更があれば、遅滞なく登録を受けている都道府県知事に変更の登録を申請する必要がある。

【問　38】　宅地建物取引業者が、その媒介により建物の貸借の契約を成立させた場合に、宅地建物取引業法第37条の規定に基づく契約内容を記載した書面（電磁的方法によるものを含む）において記載しなければならない事項以外のものは、いくつあるか。

ア　契約の解除に関する定めがあるときは、その内容

イ　当該建物に係る租税その他の公課の負担に関する定めがあるときは、その内容

ウ　引渡しの時期

エ　天災その他不可抗力による損害の負担に関する定めがあるときは、その内容

1　一つ

2　二つ

3　三つ

4　四つ

【問　39】　甲県知事の免許を受けている宅地建物取引業者Aと宅地建物取引業保証協会（以下この問において「保証協会」という。）に関する次の記述のうち、正しいものはどれか。

1　Aが120万円の弁済業務保証金分担金を納付して社員となったときは、保証協会は、直ちにその旨を甲県知事に報告し、その納付の日から1週間以内に120万円の弁済業務保証金をAの主たる事務所の最寄りの供託所に供託しなければならない。

2　Aが新たに2つの事務所を設置したときは、設置後2週間以内に60万円の弁済業務保証金分担金を保証協会に納付しなければならない。

3　保証協会が国土交通大臣から1,000万円の弁済業務保証金の還付がなされた旨の通知書の送付を受けたときは、保証協会は、その送付を受けた日から2週間以内に還付された額に相当する額の弁済業務保証金を供託し、Aに対して、1,000万円の還付充当金を、1週間以内に保証協会に納付すべきことを通知しなければならない。

4　Aが弁済業務保証金分担金の納付を怠ったことにより社員の地位を失ったときは、Aは、社員の地位を失った日から2週間以内に所定の額の営業保証金を主たる事務所の最寄りの供託所に供託しなければならない。

【問　40】　次の記述のうち、宅地建物取引業法（以下この問において「法」という。）の規定によれば、誤っているものはどれか。なお、いずれの書面も書面の交付に代えて、電磁的方法により提供する場合は考慮しないものとする。

1　土地付建物の売買契約において、「契約締結後、本物件の引渡しまでの間に、天災等売主の責めに帰することのできない事由により本物件が滅失したため引渡しができない場合には、買主はこの契約を解除することができる」旨の取り決めをした場合、当該売買の媒介を行う宅地建物取引業者は、法第37条の規定により交付すべき書面（以下この問において「37条書面」という。）にその取り決めの内容を記載する必要がある。

2　宅地建物取引業者が建物の貸借の媒介を行う場合、借賃以外に金銭の授受があるときは、その額及び授受の目的について、法第35条に規定する重要事項を記載した書面に記載した場合であっても、37条書面には別途記載する必要がある。

3　宅地建物取引業者Aが、宅地建物取引業者でないBから建物の売却の依頼を受け、AとBとの間で専属専任媒介契約を締結した場合、Aが探索した相手方以外の者とBとの間で売買契約を締結したときの措置について、AとBとの間での取り決めの有無にかかわらず、Aは、法第34条の2第1項の規定に基づき交付すべき書面に記載する必要がある。

4　宅地建物取引業者が区分所有建物の貸借の媒介を行う場合において、損害賠償額の予定又は違約金に関する特約があるときはその内容について、37条書面に記載する必要はないが、当該建物の契約不適合責任について定めがあるときはその内容について、37条書面に記載する必要がある。

【問　41】　宅地建物取引業者がマンション（区分所有建物）の貸借の媒介を行う場合の、宅地建物取引業法第35条に規定する重要事項の説明に関する次の記述のうち、誤っているものはどれか。なお、説明の相手方は宅地建物取引業者ではないものとする。

1　当該物件について、物件の管理受託者の氏名及び住所を説明しなければならない。

2　当該物件について、専有部分の用途その他の利用の制限に関する規約の定めがあるとき、それが案であったとしても説明しなければならない。

3　当該物件について、共用部分に関する規約の定めがあるとき、その説明をしなければならない。

4　当該物件について、石綿の使用の有無の調査結果が記録されているときは、その内容について説明をしなければならない。

【問　42】 工事完成前の宅地又は建物における広告開始時期の制限及び契約締結時期の制限に関する次の記述のうち、誤っているものはどれか。

1　宅地建物取引業者は、宅地の造成又は建物の建築に関する工事の完了前においては、工事完成に必要な許可等の処分があった後でなければ、その宅地建物に関し、業務に関する広告を一切行ってはならない。

2　宅地建物取引業者は、建物の建築に関する工事の完了前においては、当該工事に必要となる建築基準法第６条第１項の確認があった後でなければ、当該工事に係る建物について売買契約を締結してはならないが、買主が宅地建物取引業者である場合はこの限りではない。

3　宅地建物取引業者は、工事完成に必要な許可等の処分前は、工事完成前の宅地又は建物につき、売買・交換の契約、及び売買・交換の代理・媒介の契約を締結してはならないが、貸借の代理・媒介の契約は締結することができる。

4　宅地建物取引業者は、工事完成前の宅地又は建物について手付金等の保全措置を講じたとしても、工事に必要な許可等の処分前は売買契約を締結してはならない。

【問　43】 宅地建物取引業者Ａ（甲県知事免許）に対する監督処分に関する次の記述のうち、宅地建物取引業法の規定によれば、誤っているものはどれか。

1　Ａの宅地建物取引士が事務禁止処分を受けた場合において、Ａの責めに帰すべき理由があるときは、甲県知事は、Ａに対して指示処分又は業務停止処分をすることができる。

2　甲県知事は、Ａに対して指示処分をしようとするときは、聴聞を行わなければならず、その期日における審理は、公開により行わなければならない。

3　Ａが宅地建物取引業法の規定に違反したとして甲県知事から指示処分を受けたが、その指示に従わなかった場合には、甲県知事は、Ａの免許を取り消さなければならない。

4　甲県知事は、Ａに対して業務停止処分をした場合には、甲県の公報又はウェブサイトへの掲載その他の適切な方法により、その旨を公告しなければならない。

【問　44】　次の記述のうち、宅地建物取引業法の規定によれば、誤っているものはいくつあるか。

ア　宅地建物取引業者は、従業者名簿を、最終の記載をした日から５年間保存しなければならず、その業務に関する帳簿を、取引の終了後 10 年間保存しなければならない。

イ　宅地建物取引業者は、その業務に従事させる者に、従業者証明書を携帯させなければならないが、その者が非常勤の役員である場合には携帯をさせなくてもよい。

ウ　宅地建物取引業者は、従業者名簿に、その者の住所を記載していなければ、50 万円以下の罰金に処せられることがある。

エ　宅地建物取引業者は、その事務所ごとに、その業務に関する帳簿を備え、取引の関係者から請求があったときは、閲覧に供しなければならない。

1　一つ
2　二つ
3　三つ
4　四つ

【問　45】　特定住宅瑕疵担保責任の履行の確保等に関する法律に基づく住宅販売瑕疵担保保証金の供託又は住宅販売瑕疵担保責任保険契約の締結（以下この問において「資力確保措置」という。）に関する次の記述のうち、正しいものはどれか。

1　自ら売主として新築住宅を販売する宅地建物取引業者は、買主が宅地建物取引業者である場合にも、資力確保措置を講ずる義務を負う。

2　宅地建物取引業者は、新築住宅の売買の媒介をする場合においても、資力確保措置を講ずる義務を負う。

3　宅地建物取引業者は、資力確保措置として住宅販売瑕疵担保保証金の供託をする場合、買主に対して供託所の所在地等について記載した書面（買主の承諾を得て電磁的方法により提供する場合を含む。）の交付及び説明を、宅地建物取引士にさせなければならない。

4　宅地建物取引業者は、基準日から３週間以内に、当該基準日に係る資力確保措置について、その免許を受けた国土交通大臣又は都道府県知事に届け出なければならない。

【問　46】 独立行政法人住宅金融支援機構（以下この問において「機構」という。）に関する次の記述のうち、正しいものはどれか。

1　機構は、貸付けを受けた者が経済事情の著しい変動に伴い、元利金の支払が著しく困難となった場合には、元利金の支払の免除をすることができる。

2　機構は、自然災害により被害が生じた住宅の所有者又は居住者が自己居住用の住宅を建設、購入又は補修する場合だけでなく、被災者向けに貸すための住宅を建設、購入又は補修する場合にも、災害復興住宅融資を行う。

3　機構は、勤務先から住宅手当などの援助が受けられる者で、一般財形貯蓄・財形年金貯蓄・財形住宅貯蓄のいずれかを6カ月以上続けている者に対し、自宅購入資金を援助する財形住宅融資を行っている。

4　機構は、高齢者が単に増改築工事や修繕・模様替え工事だけを実施する場合も、リフォーム融資を行っている。

【問　47】 宅地建物取引業者が行う広告等に関する次の記述のうち、不当景品類及び不当表示防止法（不動産の表示に関する公正競争規約の規定を含む。）によれば、誤っているものはどれか。

1　住宅の居室等の広さを畳数で表示する場合、畳1枚当たりの広さは1.62㎡（各室の壁心面積を畳数で除した数値）以上の広さがあるという意味で用いなければ、不当表示となる。

2　建物を改築したことを表示する場合は、その改築の内容及び時期を明示しなければ、不当表示となる。

3　土地の価格については、1㎡当たりの価格さえ表示しておけば、1区画当たりの敷地面積を明示していなくても、不当表示となることはない。

4　新築賃貸マンションの賃料については、パンフレット等の媒体を除き、1住戸当たりの最低賃料及び最高賃料のみを表示しておけば、不当表示となることはない。

【問　48】　次の記述のうち、誤っているものはどれか。

1　年次別法人企業統計調査（令和４年度。令和５年９月公表）によれば、不動産業について、令和４年度の売上高営業利益率及び売上高経常利益率は、いずれも10％を超えている。

2　建築着工統計調査報告（令和５年度計。令和６年４月公表）によれば、令和５年度の新設住宅着工戸数は、持家、貸家及び分譲住宅が減少したため、２年連続の減少となった。

3　令和６年地価公示（令和６年３月公表）によれば、令和５年１月以降の１年間の地価について地方圏では、全用途平均、住宅地及び商業地のいずれも３年連続で上昇し、全用途平均及び商業地は上昇率が拡大し、住宅地は前年と同じ上昇率となった。

4　建築着工統計調査報告（令和５年計。令和６年１月公表）によれば、令和５年１月から令和５年12月までのマンション着工戸数は、「三大都市圏計」及び「その他の地域」のいずれにおいても前年を上回っている。

【問　49】　土地に関する次の記述のうち、正しいものはどれか。

1　雛壇型の造成地の盛土部分と切土部分は、盛土部分に生じる崖の高さと、切土部分に生じる崖の高さが等しければ、危険度も等しい。

2　天井川で廃川となっているところは、比較的危険度が低く、宅地として必ずしも不適切とはいえない。

3　地すべり地は、上部と下部に緩やかな斜面、中部に急斜面があり、等高線の乱れが少ないという特徴がある。

4　低地は、一般的に地盤が軟らかく、洪水や地震にも弱いが、その中でも、自然堤防は特に危険であり、宅地には適さない。

【問　50】　建築物に関する次の記述のうち、正しいものはどれか。

1　居室の天井の高さは、２ｍ以上でなければならない。

2　階段及びその踊場の両側には、必ず側壁又はこれに代わるものを設けなければならない。

3　便所には、必ず採光及び換気のため直接外気に接する窓を設けなければならない。

4　打撃、圧力又は振動により設けられる基礎ぐいは、それを設ける際に作用する打撃力その他の外力に対して構造耐力上安全なものでなければならない。

令和６年度
宅地建物取引士資格試験
予想模擬試験
［第２回］
問　題

次の注意事項をよく読んでから、始めてください。

（注意事項）

1　問　　題

問題は、35ページから59ページまでの50問です。

試験開始の合図と同時に、ページ数を確認してください。

落丁や乱丁があった場合は、直ちに試験監督員に申し出てください。

2　解　　答

解答は、解答用紙の「記入上の注意」に従って記入してください。

正解は、各問題とも一つだけです。

二つ以上の解答をしたもの及び判読が困難なものは、正解としません。

3　適用法令

問題の中の法令に関する部分は、令和６年４月１日現在施行されている規定に基づいて出題されています。

令和６年度宅地建物取引士資格試験
予想模擬試験解答用紙［第２回］

記入上の注意

1. 氏名（フリガナ）及び受験番号を確認すること。
2. 氏名（漢字）欄に漢字で氏名を記入すること。
3. 解答は１問につき１つしかないので、２つ以上マークしないこと。
4. 記入に際しては必ずＢまたはＨＢの鉛筆（シャープペンの場合は、なるべくしんの太いもの）を使用すること。
5. 同じマークを訂正する場合は、プラスチック消しゴムで完全に消してからマークし直すこと。
6. この解答用紙をよごしたり折り曲げたりしないこと。
7. （マーク欄）は下の良い例のようにマークすること。

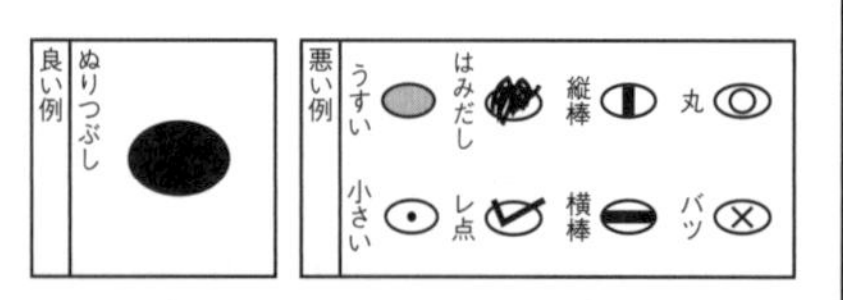

実施日	令和　年　月　日	試験地		
		電算番号		
受験番号				
氏名	フリガナ			
	漢字			

この欄は記入しないこと								
	0 1 2 3 4 5 6 7 8 9	0 1 2 3 4 5 6 7 8 9	0 1 2 3 4 5 6 7 8 9	0 1 2 3 4 5 6 7 8 9	0 1 2 3 4 5 6 7 8 9	0 1 2 3 4 5 6 7 8 9	0 1 2 3 4 5 6 7 8 9	0 1 2 3 4 5 6 7 8 9

解答欄

問題番号	解答番号	問題番号	解答番号
問１	① ② ③ ④	問26	① ② ③ ④
問２	① ② ③ ④	問27	① ② ③ ④
問３	① ② ③ ④	問28	① ② ③ ④
問４	① ② ③ ④	問29	① ② ③ ④
問５	① ② ③ ④	問30	① ② ③ ④
問６	① ② ③ ④	問31	① ② ③ ④
問７	① ② ③ ④	問32	① ② ③ ④
問８	① ② ③ ④	問33	① ② ③ ④
問９	① ② ③ ④	問34	① ② ③ ④
問10	① ② ③ ④	問35	① ② ③ ④
問11	① ② ③ ④	問36	① ② ③ ④
問12	① ② ③ ④	問37	① ② ③ ④
問13	① ② ③ ④	問38	① ② ③ ④
問14	① ② ③ ④	問39	① ② ③ ④
問15	① ② ③ ④	問40	① ② ③ ④
問16	① ② ③ ④	問41	① ② ③ ④
問17	① ② ③ ④	問42	① ② ③ ④
問18	① ② ③ ④	問43	① ② ③ ④
問19	① ② ③ ④	問44	① ② ③ ④
問20	① ② ③ ④	問45	① ② ③ ④
問21	① ② ③ ④	問46	① ② ③ ④
問22	① ② ③ ④	問47	① ② ③ ④
問23	① ② ③ ④	問48	① ② ③ ④
問24	① ② ③ ④	問49	① ② ③ ④
問25	① ② ③ ④	問50	① ② ③ ④

※切り取ってコピーしてお使いください。
※本試験では、あらかじめフリガナや受験番号の印刷された解答用紙が受験生に用意されていることがあります。
※この解答欄は令和５年度本試験の解答用紙をベースにデザインしたものです。

【問　1】 次の１から４までの記述のうち、民法の規定及び判例並びに下記判決文によれば、誤っているものはどれか。

(判決文)

使用者の損害賠償責任を定める民法715条１項の規定は、主として、使用者が被用者の活動によって利益をあげる関係にあることに着目し、利益の存するところに損失をも帰せしめるとの見地から、被用者が使用者の事業活動を行うにつき他人に損害を加えた場合には、使用者も被用者と同じ内容の責任を負うべきものとしたものであって、このような規定の趣旨に照らせば、被用者が使用者の事業の執行につき第三者との共同の不法行為により他人に損害を加えた場合には、使用者と被用者とは一体をなすものとみて、右第三者との関係においても、使用者は被用者と同じ内容の責任を負うべきものと解すべきである（略）。

1　AがBの事業の執行につき不法行為によりCに損害を加えた場合、Cは、AとBの双方に損害全額の賠償を請求することができる。

2　AとBが共同の不法行為によりCに損害を加えた場合、Cは、AとBの双方に損害全額の賠償を請求することができる。

3　AがBの事業の執行につきCとの共同の不法行為によりDに損害を加えた場合において、Cが自己とAとの過失割合に従って定められるべき自己の負担部分を超えてDに損害を賠償したときは、Cは、Aの負担部分についてBに対し求償することはできない。

4　AとBが共同の不法行為によりCに損害を加えたが、AがCに損害額の一部を支払ったため、Cが、Aについて残債務を免除した場合、CがBの残債務をも免除する意思を有していたときは、Bに対しても残債務の免除の効力が及ぶ。

【問　2】 意思無能力者又は制限行為能力者に関する次の記述のうち、民法の規定によれば、正しいものはどれか。

1　未成年者Ａに対して最後に親権を行う者は、管理権を有していなくても、遺言で、未成年後見人を指定することができる。

2　被保佐人Ｂについては、不動産を売却する場合だけではなく、日用品を購入する場合も、保佐人の同意が必要である。

3　被補助人Ｃに対して後見開始の審判をする場合において、家庭裁判所は、Ｃに係る補助開始の審判を取り消す必要はない。

4　成年被後見人Ｄが、意思能力を有しないときに行ったＤ所有の土地の売買契約は、無効である。

【問　3】 Ａ、Ｂ及びＣが、持分を各３分の１とする甲土地を共有している場合に関する次の記述のうち、民法の規定によれば、誤っているものはどれか。

1　甲土地を使用するＡは、別段の合意がある場合を除き、Ｂ及びＣに対し、自己の持分を超える使用の対価を償還する義務を負う。

2　Ａは、Ｂ及びＣの同意を得なければ、甲土地に変更（その形状又は効用の著しい変更を伴わないものを除く。）を加えることができない。

3　Ａは、Ｂ及びＣの同意を得なければ、甲土地の管理者を選任することができない。

4　甲土地の分割についてＡ、Ｂ及びＣの間で協議が調わず、裁判所に分割請求がなされた場合、裁判所は、Ａに債務を負担させて、Ｂ及びＣの持分の全部を取得させ、甲土地全体をＡの所有とする方法により分割を命ずることができる。

【問　4】 担保物権に関する次の記述のうち、民法の規定によれば、正しいものはどれか。

1　不動産保存の先取特権は、先に登記した抵当権があった場合でも、抵当権に優先して行使することができる。

2　建物の売買代金について、売主が先取特権を行使するためには、あらかじめ、債務者である買主との間で、先取特権の行使について合意しておく必要がある。

3　不動産質権者は、質権の目的である不動産の使用及び収益をすることができない。

4　不動産に留置権を有する者は、目的物が金銭債権に転じた場合には、当該金銭債権に物上代位することができる。

【問　5】 Aは、Bの代理人として、C所有の土地についてCと売買契約を締結したが、その際次に掲げるような事情があった場合、民法の規定及び判例によれば、正しいものはどれか。

1　CがAをだまして売買契約を締結させた場合は、Aは当該売買契約を取り消すことができるが、Bは取り消すことができない。

2　Aが未成年者である場合、Bは、Aの親権者の同意がないことを理由として、当該売買契約を取り消すことができる。

3　AがBの代理人であることをCに告げていなくても、Cがその旨を知っていれば、当該売買契約によりBは当該土地を取得することができる。

4　Bが未成年者で、AがBの法定代理人として当該売買契約を締結した場合は、Aが被保佐人であっても、Bは、当該売買契約を取り消すことができない。

【問　6】 債務の弁済に関する次の記述のうち、民法の規定及び判例によれば、正しいものはどれか。

1　債権者と債務者が第三者の弁済を制限する旨の意思表示をしていたにもかかわらず、第三者が債権者に弁済をした場合、第三者が、その合意の存在を知らず、かつ、知らないことについて過失がないときは、その弁済は効力を有する。

2　債権者の代理人と称して弁済の請求をしてきた無権限者に対し債務を弁済した場合、その者に弁済受領権限があるかのような外観があり、債務者がその権限があることについて善意、かつ、無過失であるときは、その弁済は有効である。

3　弁済者が、債権者との間で、不動産の所有権をもって代物弁済の目的とする旨の契約を締結した場合、債権者への所有権移転登記その他第三者に対する対抗要件を具備するため必要な行為を完了していなくても、弁済としての効力が生ずる。

4　売主が残代金の受領を拒絶している場合であっても、買主は、契約で定められた支払日に、売主に対して残代金を現実に提供しなければ、履行遅滞の責任を免れない。

【問　7】 婚姻中の夫婦ＡＢには嫡出子ＣとＤがいて、Ｄには配偶者Ｅがいた。Ａが令和５年６月１日に死亡した場合に関する次の記述のうち、民法の規定によれば、正しいものはどれか。

1　ＡがＢに対し全財産を遺贈したが、ＣがＡの生前に家庭裁判所の許可を得て遺留分を放棄していたときは、Ｄは、相続財産の４分の１について、Ｂに対し遺留分侵害額の請求をすることができる。

2　ＡがＢに対し全財産を遺贈したが、Ｄが相続の放棄をしたときは、Ｄは、Ｂに対して遺留分侵害額の請求をすることができない。

3　Ｂ及びＤがＡの死亡以前にすでに死亡しており、その後、Ａが死亡するまでＥがＡの介護を無償で行っていたという事情がある場合でも、相続人Ｃがいるので、Ｅは、家庭裁判所に特別寄与料の支払いを請求することができない。

4　相続開始時にＡの財産である建物に居住していたＢは、遺産分割によって、その居住建物の全部又は一部を無償で使用収益する権利を取得することができる。

【問　8】 債権者代位権に関する次の記述のうち、民法の規定及び判例によれば、誤っているものはどれか。

1　債務者Ａが既に自らＢに対する被代位権利を行使しているときは、Ａの債権者Ｃは、債権者代位権を行使することができない。

2　土地がＤからＥ、ＥからＦへと譲渡された場合において、登記がなおＤにあるときは、Ｆは、ＥのＤに対する登記請求権を代位行使することができる。

3　建物の賃借人Ｇは、建物所有者である賃貸人Ｈに対し賃借権を保全するため、Ｈに代位して、当該建物の不法占有者Ｉに対し当該建物を直接自己に明け渡すよう請求できる。

4　Ｊが妻Ｋに不動産を贈与した場合、Ｊの債権者Ｌは、Ｊの夫婦間の契約取消権を代位行使することができる。

【問　9】 敷金に関する次の記述のうち、民法の規定及び判例によれば、正しいものはどれか。

1　建物賃貸借における敷金は、賃貸借終了までに生ずる賃料相当額の損害金債権その他賃貸借契約により賃貸人が賃借人に対して取得する一切の債権を担保するものであり、敷金返還請求権は、賃貸借契約終了時においてそれまでに生じた一切の被担保債権を控除してなお残額がある場合に、その残額につき具体的に発生する。

2　敷金が授受された賃貸借契約に係る賃料債権につき抵当権者が物上代位権を行使してこれを差し押さえた場合において、当該賃貸借契約が終了し、目的物が明け渡されたとしても、それまでに生じた賃料債権が、敷金の充当によって消滅することはない。

3　建物賃貸借の対抗要件を備えた場合において、当該建物の所有権移転に伴い賃貸人たる地位に承継があったときは、旧賃貸人に差し入れられた敷金の返還債務は、新賃貸人に承継される。

4　賃借人が賃料債務を履行できないときは、賃借人は、賃貸人に対し、敷金をその債務の弁済に充てることを請求することができる。

【問　10】 A所有の甲建物につき、ＡＢ間で使用貸借契約を締結する場合と、C所有の乙建物につき、一時使用を目的としてＣＤ間で賃貸借契約を締結する場合に関する次の記述のうち、民法の規定及び判例によれば、誤っているものはどれか。

1　ＡＢ間で使用貸借の期間及び使用収益の目的を定めなかったときは、Aは、いつでも契約を解除して、Bに対して甲建物の返還を請求することができるが、ＣＤ間で賃貸借の期間を定めなかったときは、Cは、一定の予告期間がなければ、Dに対して乙建物の返還を請求することができない。

2　Bが死亡しても、Bの相続人はその使用借権を相続しないが、Dが死亡したときは、Dの相続人がその賃借権を相続する。

3　日常的な修繕費に関して、甲建物についてはAが負担し、乙建物についてはCが負担する。

4　Aが甲建物をEに売却し、Cが乙建物をFに売却した場合、Bは、Eに対して甲建物の使用借権を主張できる場合はないが、Dは、Fに対して乙建物の賃借権を主張できる場合がある。

【問　11】　定期借地権等に関する次の記述のうち、借地借家法の規定によれば、正しいものはどれか。

1　借地借家法第22条に規定する定期借地権の存続期間は50年以上が原則であるが、裁判所の許可を得れば、30年以上50年未満の範囲で定めた期間を存続期間とすることができる。

2　借地借家法第22条に規定する定期借地権は、法定更新を含めて契約の更新等がなく、建物買取請求権もない旨を定める借地権であるが、その特約は、公正証書によってしなければならない。

3　借地借家法第24条に規定する建物譲渡特約付借地権は、借地権設定後30年以上経過した日に借地権の目的である土地の上の建物を借地権設定者に相当の対価で譲渡する旨を定めるものであるが、その設定契約は書面によることを要しない。

4　居住用の建物の所有を目的とする借地権であっても、公正証書により、存続期間を10年以上50年未満とする借地権で、法定更新の規定等及び建物買取請求権の規定の適用を受けないものを設定することができる。

【問　12】　Aは、B所有の甲建物につき、居住を目的として、期間2年、賃料月額10万円と定めた賃貸借契約（以下この問において「本件契約」という。）をBと締結して建物の引渡しを受けた。この場合における次の記述のうち、民法及び借地借家法の規定並びに判例によれば、正しいものはどれか。

1　本件契約が借地借家法第38条の定期建物賃貸借契約である場合には、造作買取請求権を排除する特約がないときであっても、Bの同意を得てAが甲建物に付加した造作については、期間満了で本件契約が終了するときに、Aは造作買取請求権を行使できない。

2　本件契約が借地借家法第38条の定期建物賃貸借契約である場合には、賃料の改定に関する特約がなければ、契約期間中に賃料が不相当になったとしても、A又はBは賃料の増減額請求権を行使することができない。

3　本件契約期間中にBが甲建物をCに売却した場合、Aは甲建物に賃借権の登記をしていなくても、Cに対して甲建物の賃借権があることを主張することができる。

4　本件契約期間中にAが建物をDに転貸しようとする場合に、その転貸によりBに不利となるおそれがないにもかかわらず、Bが承諾を与えないときは、裁判所は、Aの申立てにより、Bの承諾に代わる許可を与えることができる。

【問　13】 建物の区分所有等に関する法律（以下、この問において「区分所有法」という。）が規定する管理者の権利義務に関する次の記述のうち、誤っているものはどれか。

1　管理者の権利義務は、区分所有法及び規約に定めるもののほかは、委任に関する規定に従う。

2　管理者は、共用部分並びに当該建物の敷地及び附属施設を保存し、集会の決議を実行し、並びに規約で定めた行為をする権利を有し、義務を負う。

3　管理者は、その職務に関し区分所有者を代理するが、この代理権に規約又は集会の決議により制限を加えても、これをもって善意の第三者に対抗することができない。

4　管理者は、規約の定め又は集会の決議がなくても、その職務に関し、当然に区分所有者のために、原告又は被告となることができる。

【問　14】 不動産の登記に関する次の記述のうち、不動産登記法の規定によれば、正しいものはどれか。

1　相続により不動産を取得した相続人は、自己のために相続の開始があったことを知り、かつ、その所有権を取得したことを知った日から１年以内に所有権の移転の登記を申請しなければならない。

2　表題登記がない土地の所有権を取得した者は、その所有権の取得の日から１年以内に、表題登記を申請しなければならない。

3　区分建物以外の建物の所有権の保存の登記は、表題部所有者から所有権を取得した者も、申請することができる。

4　所有権の登記の抹消は、所有権の移転の登記がない場合には、所有権の登記名義人が単独で申請することができる。

【問　15】 都市計画法に関する次の記述のうち、正しいものはどれか。

1　開発許可を申請しようとする者は、あらかじめ、関発行為に関係がある公共施設の管理者と協議しなければならないが、常にその同意を得る必要はない。

2　開発許可を受けた開発区域内の土地については、工事完了の公告があるまでの間は、都道府県知事の許可を受けなければ分譲することができない。

3　市街化区域において行う開発行為で、市町村が設置する医療法に規定する診療所の建築の用に供する目的で行うものであって、当該開発行為の規模が1,000㎡であるものについては開発許可は不要である。

4　開発許可を受けた開発行為に関する工事により設置された公共施設は、他の法律に基づく管理者が別にあるとき及び開発行為前の協議により管理者について別段の定めをしたときを除き、すべてその公共施設の存する市町村の管理に属するものとされている。

【問　16】 都市計画法に関する次の記述のうち、正しいものはどれか。なお、この問における都道府県知事とは、市の区域内にあっては、当該市の長をいうものとする。

1　田園住居地域内の農地の区域内において建築物の建築をしようとする者は、原則として市町村長の許可を受けなければならない。

2　都市計画事業の認可の告示があった後、当該認可に係る事業地内において当該事業の施行の障害となるおそれがある土地の形質の変更を行おうとする者は、一定事項を都道府県知事に届け出なければならない。

3　都市計画事業の認可の告示があった後、当該認可に係る事業地内の土地建物等を有償で譲り渡そうとする者は、譲渡価格、譲渡の相手方その他の事項について、当該事業の施行者の許可を受けなければならない。

4　都道府県知事は、地区整備計画が定められた地区計画の区域内において、地区計画に適合しない行為の届出があった場合には、届出をした者に対して、届出に係る行為に関し設計の変更その他の必要な措置をとることを勧告することができる。

【問　17】 建築基準法に関する次の記述のうち、正しいものはどれか。

1　建築主事は、建築確認申請に係る建築物の計画が建築基準法第20条第2号又は第3号に定める基準に適合するかどうかの審査が必要なときは、都道府県知事の構造計算適合性判定を求めなければならない。

2　指定確認検査機関は、建築確認申請に係る工事の完了検査をしたときは、一定期間内に、完了検査報告書を作成し、完了検査をした建築物及びその敷地に関する一定の書類を添えて、これを特定行政庁に提出しなければならない。

3　防火地域以外の地域内において建築物を増築する場合で、その増築に係る部分の床面積の合計が10㎡以内であるときは、建築確認は不要である。

4　都市計画区域及び準都市計画区域（都道府県知事が都道府県都市計画審議会の意見を聴いて指定する区域を除く。）以外の区域内においては、木造平屋建て、床面積50㎡の建築物について、建築確認が必要となることはない。

【問　18】 建築基準法（以下この問において「法」という。）に関する次の記述のうち、正しいものはどれか。ただし、用途地域以外の地域地区等の指定及び特定行政庁の許可は考慮しないものとする。

1　店舗の用途に供する建築物で当該用途に供する部分の床面積の合計が150㎡であるものは、第一種低層住居専用地域、第二種低層住居専用地域及び田園住居地域においては建築することができない。

2　第一種住居地域内では、床面積の規模に関係なく、映画館を建築することができないが、準住居地域内では、床面積200㎡未満の映画館を建築することができる。

3　建築物が第一種低層住居専用地域と近隣商業地域にわたる場合で、当該建築物の敷地の過半が近隣商業地域内に存するときは、当該建築物に対して法第56条第1項第3号の規定による北側高さ制限は適用されない。

4　都市計画区域及び準都市計画区域以外の区域内において、地方公共団体は、建築物の用途に関する制限を条例で定めることができる。

【問　19】　宅地造成及び特定盛土等規制法に関する次の記述のうち、誤っているものはどれか。なお、この問において「都道府県知事」とは、地方自治法に基づく指定都市及び中核市にあってはその長をいうものとする。

1　宅地造成等工事規制区域内（公共施設用地を除く。）において、雨水その他の地表水又は地下水を排除するための排水施設の除却工事を行おうとする場合は、一定の場合を除き、その工事に着手する日の14日前までに、その旨を都道府県知事に届け出なければならない。

2　宅地造成等工事規制区域内の森林において行われる切土による土地の形質の変更に関する工事で、当該森林に高さ１ｍの崖が生じ、かつ面積が800㎡のときには、工事に着手する前に、都道府県知事の許可を受けなければならない。

3　宅地造成等工事規制区域内において行われる宅地造成に関する工事については、現場監督者は、工事に着手する前に、原則として都道府県知事の許可を受けなければならない。

4　都道府県知事は、基礎調査のために他人の占有する土地に立ち入って測量又は調査を行う必要があるときは、その必要の限度において、他人の占有する土地に立ち入ることができるが、その際、立ち入ろうとする日の３日前までに、その旨を当該土地の占有者に通知しなければならない。

【問　20】　土地区画整理法に関する次の記述のうち、正しいものはどれか。

1　土地区画整理事業の施行者は、施行地区内の宅地について換地処分を行うため、換地計画を定めなければならない。この場合において、当該施行者が土地区画整理組合であるときは、その換地計画について都道府県知事の認可を受けなければならない。

2　土地区画整理事業の施行者は、換地処分を行う前において、換地計画に基づき換地処分を行うため必要がある場合においては、施行地区内の宅地について仮換地を指定することができる。この場合において、当該施行者が土地区画整理組合であるときは、その仮換地の指定について都道府県知事の認可を受けなければならない。

3　換地処分の公告があった場合においては、換地計画において定められた換地は、その公告があった日から従前の宅地とみなされ、換地計画において換地を定めなかった従前の宅地について存する権利は、権利者保護の見地からその公告があった日から一定期間経過後に消滅する。

4　仮換地が指定された場合においては、従前の宅地について権原に基づき処分することができる者は、仮換地の指定の効力発生の日から換地処分の公告がある日まで、仮換地について、従前の宅地について有する権利の内容である処分と同じ処分をすることができる。

【問　21】 農地法（以下この問において「法」という。）に関する次の記述のうち、正しいものはどれか。

1　遺産の分割により農地の所有権を取得する場合、相続人は、法第３条第１項の許可を受ける必要はないが、遅滞なく、農業委員会にその旨を届け出なければならない。

2　農業者が民事調停法による農事調停により取得した市街化調整区域内の農地を自己の住宅用地として転用する場合には、法第４条第１項の許可を受ける必要はない。

3　会社の代表者が、その会社の業務に関し、法の規定に違反して転用行為をした場合は、その代表者が罰せられるのみならず、その会社も行為者に科されるのと同じ金額以下の罰金刑が科せられる。

4　耕作目的の農地の売買において、当該農地が買主の住所のある市町村の区域外にある場合は、当事者は、都道府県知事の許可を受ける必要がある。

【問　22】 市街化区域内における土地に関する権利の設定又は移転についての国土利用計画法第23条の届出（以下この問において「事後届出」という。）に関する次の記述のうち、正しいものはどれか。

1　甲地（2,000㎡）について、所有者Ａが抵当権を設定した場合には事後届出は不要であるが、当該抵当権が実行され甲地の所有権がＢに移転した場合は、Ｂは、事後届出を行う必要がある。

2　互いに隣接する一団の土地、乙地（600㎡）・丙地（600㎡）・丁地（800㎡）を、これらを所有するＣが、Ｄ、Ｅ、Ｆに対して順次売却した場合、Ｄ、Ｅ、Ｆは、それぞれの契約をした後、事後届出を行う必要がある。

3　Ｇが停止条件付きで甲地（2,000㎡）を売買契約により取得した場合、停止条件が成就した日から起算して２週間以内に事後届出をしなければならない。

4　一団の土地として利用するため、互いに隣接する乙地（600㎡）・丙地（600㎡）・丁地（800㎡）について、Ｈが、それぞれの土地所有者と売買契約をして取得した場合、Ｈは、それぞれの契約について事後届出を行う必要がある。

【問　23】 不動産取得税に関する次の記述のうち、正しいものはどれか。

1　令和６年４月に個人が取得した住宅及び住宅用地に係る不動産取得税の税率は３％であるが、住宅用以外の家屋及びその土地に係る不動産取得税の税率は４％である。

2　令和６年４月に宅地を取得した場合の当該取得に係る不動産取得税の課税標準の算定については、当該宅地の価格の４分の１の額とされる。

3　令和６年４月に個人が賃貸の用に供するため床面積240㎡の耐震基準適合既存住宅を取得した場合の当該取得に係る不動産取得税の課税標準の算定については、当該住宅の価格から一定額が控除される。

4　委託者のみが信託財産の元本の受益者である信託において、受託者から委託者に信託財産を移す場合の不動産の取得については、不動産取得税は課されない。

【問　24】 租税特別措置法第36条の２の特定の居住用財産の買換えの場合の長期譲渡所得の課税の特例に関する次の記述のうち、正しいものはどれか。

1　譲渡資産とされる家屋については、その譲渡をした日の属する年の１月１日における所有期間が10年を超えるものであることが、適用要件とされている。

2　買換資産とされる家屋については、その床面積のうち自己の居住の用に供する部分の床面積が50㎡以上240㎡以下のものであることが、適用要件とされている。

3　買換資産とされる家屋については、譲渡資産の譲渡の日の属する年の12月31日までの間に取得されることが適用要件である。

4　譲渡資産とされる家屋については、その譲渡に係る対価の額が１億5,000万円以下であることが、適用要件とされている。

【問　25】　地価公示法に関する次の記述のうち、正しいものはどれか。

1　土地鑑定委員会は、標準地について、正常な価格を判定したときは、その価格のほか価格判定の基準日についても公示しなければならない。

2　地価公示をした土地鑑定委員会は、標準地に係る部分を記載した書面及び当該標準地の所在を表示する図面をその事務所において一般の閲覧に供しなければならない。

3　土地鑑定委員会は、市街化区域内の標準地に借地権が設定されている場合、借地権が設定されているものとして正常な価格を判定する。

4　不動産鑑定士は、公示区域内の土地について鑑定評価を行う場合、当該土地の正常な価格を求めるときは、公示価格を指標として取引を行うよう努めなければならない。

【問　26】　宅地建物取引業者A、宅地建物取引業者B及び宅地建物取引業者C（共に消費税課税事業者）が受領する報酬に関する次の記述のうち、正しいものはいくつあるか。なお、借賃には、消費税相当額を含まないものとする。

ア　Aは、依頼者Dから、媒介報酬の限度額のほかに、Dの依頼によらない通常の広告の料金に相当する額を報酬に合算して、Dから受け取ることができる。

イ　Bが単独で行う事業用建物の貸借の媒介に関して、Bが依頼者の双方から受ける報酬の合計額が借賃の1.1か月分以内であれば、Bは依頼者の双方からどのような割合で報酬を受けてもよい。

ウ　Cが、宅地価格5,000万円、建物価格5,500万円（消費税込み）の宅地付き住宅の売買の媒介をした場合、Cが依頼者の一方から受領できる報酬の限度額は、336万円である。

1　一つ
2　二つ
3　三つ
4　なし

【問 27】 宅地建物取引士の登録に関する次の記述のうち、宅地建物取引業法の規定によれば、誤っているものはどれか。

1 宅地建物取引業者（甲県知事免許）に勤務する宅地建物取引士（甲県知事登録）が、乙県に住所を変更するとともに宅地建物取引業者（乙県知事免許）に勤務先を変更した場合は、乙県知事に登録の移転の申請をすることができる。

2 不正の手段により免許を受けたとしてその免許の取消しを受けた法人において役員ではない従業者であった者は、当該免許取消しの日から５年を経過しなくとも、登録を受けることができる。

3 宅地建物取引業者（甲県知事免許）に勤務する宅地建物取引士（甲県知事登録）が、乙県知事に登録の移転の申請をするとともに宅地建物取引士証の交付の申請をした場合は、乙県知事は、登録後、有効期間を５年とする宅地建物取引士証を交付しなければならない。

4 宅地建物取引士が、刑法第204条の傷害罪により罰金の刑に処せられ、登録が消除された場合は、その刑の執行を終わり、又は執行を受けることがなくなった日から５年を経過するまでは、新たな登録を受けることはできない。

【問 28】 甲県知事の免許を受けている宅地建物取引業者Ａ（法人）に関する次の記述のうち、誤っているものはいくつあるか。

ア Ａの主たる事務所の専任の宅地建物取引士であるＢが住所を移転した場合、Ａは、甲県知事に変更の届出をしなければならない。

イ Ｃ法人がＡを吸収合併しＡが消滅した場合、Ａを代表する役員であった者は、Ａが合併により消滅した日から30日以内に、その旨を甲県知事に届け出なければならない。

ウ 宅地建物取引士でないＤがＡの代表権のない取締役に就任した場合、Ａは、甲県知事に変更の届出をしなければならない。

エ Ａについて、破産手続開始の決定があった場合、Ａの破産管財人は、その日から30日以内に、その旨を甲県知事に届け出なければならない。

1 一つ
2 二つ
3 三つ
4 四つ

【問　29】 次の記述のうち、宅地建物取引業法（以下この問において「法」という。）の規定によれば、正しい内容の組合せはどれか。

ア　A社（国土交通大臣免許）は、甲県に本店、乙県に支店を設置しているが、乙県の支店を甲県内に移転し、すべての事務所を甲県内にのみ設置して事業を営むこととしたため、国土交通大臣を経由して、甲県知事へ免許換えの申請を行った。

イ　Xは、甲県で行われた宅地建物取引士資格試験に合格した後、乙県に転居した。その後、乙県内で実施された登録実務講習を修了したが、法第18条第1項の登録の申請は、甲県知事に対してした。

ウ　B社（甲県知事免許）は、甲県の事務所を廃止し、乙県内で新たに事務所を設置して宅地建物取引業を営むため、甲県知事へ廃業の届出を行うことなく、乙県知事へ免許換えの申請を行った。

エ　Yは、甲県知事から宅地建物取引士証の交付を受けているが、乙県での勤務を契機に宅地建物取引士の登録の移転の申請をするとともに、宅地建物取引士証の交付申請をした。Yは、登録の移転の完了後、甲県知事の宅地建物取引士証の有効期間が満了していなかったので、新たな宅地建物取引士証の交付を受けることなく、現に有する宅地建物取引士証を用いて宅地建物取引士としてすべき事務を行った。

1　ア、イ

2　イ、ウ

3　ウ、エ

4　ア、エ

【問　30】　宅地建物取引業者Ａが、ＢからＢ所有の甲住宅の売却に係る媒介の依頼を受けて締結する媒介契約に関する次の記述のうち、宅地建物取引業法（以下この問において「法」という。）の規定によれば、正しいものはどれか。なお、法34条の２第１項の規定に基づく書面の交付に代えて、依頼者の承諾を得て、電磁的方法により提供する場合は考慮しないものとする。

1　ＡがＢとの間で一般媒介契約を締結した場合、ＡはＢに対して、法34条の２第１項の規定に基づく書面を交付する必要はない。

2　ＡがＢとの間で一般媒介契約を締結した場合、ＡがＢに対し甲住宅の価額又は評価額について意見を述べるときでも、その根拠を明らかにする必要はない。

3　ＡがＢとの間で専任媒介契約を締結した場合、甲住宅について購入の申込みがあったときは、当該申込みがあった日から２週間以内に、その旨を依頼者に報告しなければならない。

4　ＡがＢとの間で専属専任媒介契約を締結した場合、当該媒介契約締結日から休業日を含めて５日目にＡが所定の事項を指定流通機構に登録しても、法に違反しない。

【問　31】　宅地建物取引業者が行う広告に関する次の記述のうち、宅地建物取引業法の規定によれば、誤っているものはどれか。

1　宅地建物取引業者は、建物の貸借の媒介において広告を行った場合には、依頼者の依頼がないかぎり、報酬とは別に、当該広告の料金に相当する額を受領することはできない。

2　宅地建物取引業者は、宅地の造成又は建物の建築に関する工事が完了するまでの間は、当該工事に必要な都市計画法に基づく開発許可、建築基準法に基づく建築確認その他法令に基づく許可等の処分がある前であっても、未完成である旨を明示すれば、当該工事に係る宅地又は建物の売買その他の業務に関する広告をすることができる。

3　宅地建物取引業の免許を取り消された者は、当該宅地建物取引業者が締結した契約に基づく取引を結了する目的の範囲内においては、なお宅地建物取引業者とみなされるが、免許の取消前に建物の売買の広告をしていても、なお宅地建物取引業者とみなされるものではない。

4　宅地建物取引業者が、複数の区画がある宅地の売買について、数回に分けて広告をするときは、各回ごとに取引態様の別を明示する必要がある。

【問　32】　宅地建物取引業者A（甲県知事免許）は、甲県内に本店Xと支店Yを設置して、額面金額1,000万円の国債証券と500万円の金銭を営業保証金として供託して営業している。この場合の営業保証金に関する次の記述のうち、宅地建物取引業法の規定によれば、正しいものはどれか。なお、本店Xと支店Yとでは、最寄りの供託所を異にする。

1　Aは、供託している額面1,000万円の国債証券の償還期限が到来した場合、新たに額面金額1,000万円の地方債証券と金銭100万円を供託することにより、当該国債証券を取り戻すことができるが、このとき、遅滞なく、甲県知事に対して営業保証金の変換の届出をしなければならない。

2　Aが新たに支店Zを甲県内に設置したときは、その日から2週間以内に、本店Xの最寄りの供託所に政令で定める額の営業保証金を供託し、その旨を甲県知事に届け出なければ、支店Zでの事業を開始するすることができない。

3　Aは、営業保証金の還付が行われ、営業保証金が政令で定める額に不足することになったときは、不足が生じた日から1週間以内にその不足額を供託しなければ、免許取消しの処分を受けることがある。

4　Aが、Yを新本店とし、Xを新支店として営業する場合であれば、Aは、金銭の部分のみならず、国債証券の部分を含めて、Yの最寄りの供託所への営業保証金の保管替えを請求することができる。

【問　33】　次の記述のうち、宅地建物取引業法の規定によれば、誤っているものはいくつあるか。

ア　宅地建物取引業者は、その業務に関する帳簿の事務所への備付け義務を怠った場合には、50万円以下の罰金に処せられる。

イ　宅地建物取引業者の従業者は、取引の関係者から請求があったときは、従業者証明書を必ず提示しなければならない。

ウ　宅地建物取引業者は、従業者名簿をその事務所ごとに備え、最終の記載をした日から5年間保存しなければならない。

エ　宅地建物取引業者は、その業務に関する帳簿をその事務所ごとに備えなければならないが、取引の関係者から請求があったときでも、当該帳簿をその者の閲覧に供する必要はない。

1　一つ
2　二つ
3　三つ
4　四つ

【問　34】　宅地建物取引業者Ａが売主Ｂと買主Ｃの間のマンションの売買について媒介を行う場合に交付する「35 条書面」又は「37 条書面」に関する次の記述のうち、宅地建物取引業法の規定によれば、正しいものはどれか。なお、35 条書面とは、同法第 35 条の規定に基づく重要事項を記載した書面を、37 条書面とは、同法第 37 条の規定に基づく契約の内容を記載した書面をいい、いずれの書面も書面の交付に代えて、電磁的方法により提供する場合を含むものとする。

1　Ａは、35 条書面及び 37 条書面のいずれの交付に際しても、専任の宅地建物取引士をして、当該書面への記名をさせなければならない。

2　Ｃが宅地建物取引業者でその承諾がある場合に限り、Ａは、Ｃに対し、35 条における重要事項の説明を省略することができる。

3　Ａが、電磁的方法により 35 条書面を提供する場合は、Ｃに対し、電子書面の保存の必要性や保存方法について説明しなければならない。

4　Ａが、宅地建物取引業者Ｄと共同で媒介を行う場合に、35 条書面の内容に誤りがあったとき、それがＡが調査して記入したものであったときは、Ｄは業務停止処分を受けることはない。

【問　35】　宅地建物取引業の免許（以下この問において「免許」という。）に関する次の記述のうち、誤っているものはいくつあるか。

ア　宅地建物取引業者Ａは、業務停止処分の聴聞の期日及び場所が公示された日から当該処分をする日又は当該処分をしないことを決定する日までの間に、相当の理由なく廃業の届出を行った。Ａは、当該届出の日から５年を経過しなくても、免許を受けることができる場合がある。

イ　破産手続開始の決定を受けた個人Ｂは、復権を得てから５年を経過しなくても、免許を受けることができる。

ウ　宅地建物取引業に係る営業に関し成年者と同一の行為能力を有しない未成年者Ｃは、その法定代理人が禁錮以上の刑に処せられ、その刑の執行が終わった日から５年を経過しなければ、免許を受けることができない。

エ　宅地建物取引業法の規定に違反したことにより罰金の刑に処せられた専任の宅地建物取引士がいる法人Ｄは、その刑の執行が終わった日から５年を経過しなければ、免許を受けることができない。

1　一つ
2　二つ
3　三つ
4　四つ

【問　36】 宅地建物取引業者が建物の貸借の媒介を行う場合の宅地建物取引業法第35条に規定する重要事項の説明に関する次の記述のうち、正しいものはいくつあるか。なお、説明の相手方は宅地建物取引業者ではないものとする。

ア　当該建物が住宅の品質確保の促進等に関する法律第5条第1項に規定する住宅性能評価を受けた新築住宅であるときはその旨を説明しなければならない。

イ　当該建物が津波防護施設区域内にあるときには、津波防災地域づくりに関する法律第23条第1項の規定に基づく津波防護施設区域における行為の制限についての概要を説明しなければならない。

ウ　当該建物の敷地の一部に私道がある場合、私道に関する負担について説明しなければならない。

エ　当該建物が土砂災害警戒区域等における土砂災害防止対策の推進に関する法律第7条第1項により指定された土砂災害警戒区域内にあるときはその旨を説明しなければならない。

1　一つ
2　二つ
3　三つ
4　四つ

【問　37】 区分所有建物（建物の区分所有等に関する法律第2条第1項に規定する区分所有権の目的である建物をいう。）の売買に際しての、宅地建物取引業法第35条の規定に基づく重要事項の説明に関する次の記述のうち、誤っているものはどれか。なお、説明の相手方は宅地建物取引業者ではないものとする。

1　共用部分に関する内容及び計画的修繕積立金等については、規約に定めがなく、その案も定まっていないときは、それらの説明の必要はない。

2　計画的な維持修繕のための費用を特定の者にのみ減免する旨の規約の定めがある場合には、買主が当該減免対象者であるときのみ、その内容を説明する必要がある。

3　敷地の一部を特定の者にのみ使用を許す旨の規約の定めがある場合には、その内容を説明すればよく、その使用者の氏名及び住所についてまで説明の必要はない。

4　修繕の実施状況の記録が保存されていなかった場合には、その内容について説明する必要はない。

【問　38】　宅地建物取引業者Aが自ら売主となって宅地建物取引業者でない買主Bと建物甲の売買契約（代金5,000万円）を締結した場合に関する次の記述のうち、宅地建物取引業法の規定によれば、正しいものはどれか。

1　当事者の債務不履行を理由とする契約の解除に伴う損害賠償の額についてなんら定めていない場合であっても、Aの債務不履行に対し、Bは、Aに損害額を証明することなく1,000万円の損害賠償を請求することができる。

2　BがAに手付金を交付しておらず、手付金につきなんら定めていない場合であっても、Bは、1,000万円をAに交付することで、Aとの売買契約の解除をすることができる。

3　売主の契約不適合責任についてなんら定めていない場合であっても、建物甲が種類又は品質に関して契約の内容に適合しないためにBが損害を受ければ、当該不適合がBの責めに帰すべき事由によるものであっても、BはAに履行の追完の請求をすることができる。

4　建物甲の売買契約が割賦販売契約で、賦払金の支払の義務が履行されない場合の契約の解除の方法についてなんら定めていない場合であっても、Aは、30日以上の相当の期間を定めて賦払金の支払を書面で催告し、その期間内にその義務が履行されないときでなければ、賦払金の支払の遅滞を理由として、契約の解除をすることができない。

【問　39】　宅地建物取引業者Aが、自ら売主又は売主の代理人として、買主Bとの間で売買契約を成立させた場合について、宅地建物取引業法第33条の2の規定（自己の所有に属しない宅地又は建物の売買契約締結の制限）に関する次の記述のうち、同法の規定に違反するものはどれか。

1　Aが自ら売主として、C所有の宅地（造成工事完了後）について、宅地建物取引業者でないBから受け取る手付金について宅地建物取引業法第41条の2の規定による手付金等の保全措置を講じてBと売買契約を締結した。

2　Aが自ら売主として、D所有の建物を取得する契約の予約を締結していたが、Aが予約完結権を行使するまでの間に宅地建物取引業者でないBと売買契約を締結した。

3　Aが宅地建物取引業者でない売主Eの代理人として、宅地建物取引業者でないBとFの所有する建物について売買契約を締結した。

4　Aが宅地建物取引業者である売主Gの代理人として、H所有の宅地について、停止条件付きで取得する売買契約を締結したが、その条件が成就する前に、宅地建物取引業者であるBと売買契約を締結した。

【問　40】 宅地建物取引業者である売主Aが、自ら売主として、宅地建物取引業者でない買主Bとの間で新築マンションの売買契約（代金5,000万円）を締結した場合において、宅地建物取引業法第37条の2の規定に基づくいわゆるクーリング・オフに関する次の記述のうち、正しいものはどれか。

1　Aがクーリング・オフについてBに告げるときに交付すべき書面には、Bがクーリング・オフによる解除を行った場合、売買契約の締結に際し、手付金その他の金銭が支払われているときは、Aは、遅滞なく、その全額をBに返還することが記載されていなければならない。

2　Bがクーリング・オフにより売買契約を解除した場合、当該契約の解除に伴う違約金について500万円と定めていたときは、Aは、Bに対して違約金500万円の支払を請求することができる。

3　Aが喫茶店でBから買受けの申込みを受けた場合、Bは、申込みの日から8日以内に電磁的方法により当該申込みの撤回を申し出れば、申込みの撤回を行うことができる。

4　Aの事務所ではないがAが継続的に業務を行うことができる施設があり宅地建物取引業法第31条の3第1項の規定により専任の宅地建物取引士が置かれている場所でBから買受けの申込みを受けた場合、Bは、その3日後、申込みの撤回ができる。

【問　41】 宅地建物取引業者Aが、自ら売主として、宅地建物取引業者でないBと建築工事完了前の分譲住宅についての売買契約（代金6,000万円）を締結した。この場合、宅地建物取引業法第41条に規定する手付金等の保全措置（以下この問において「保全措置」という。）に関する次の記述のうち、同法の規定によれば、正しいものはどれか。

1　Aが、宅地建物取引業保証協会の社員である場合、手付金を受領するには、その額が300万円を超える部分に関してのみ保全措置を講じればよい。

2　Aは、手付金に保全措置を講じなければならない場合には、手付金の受領後直ちに保全措置を講じなければならない。

3　Aは、手付金100万円及び中間金200万円を受領した後、残代金5,700万円について建物の引渡しと引換えに受領しようとする場合であっても、保全措置を講じなければ受領することができない。

4　Aは、手付金250万円を受領した後、中間金として300万円を受領する場合には、中間金の300万円のみならず手付金の250万円分についても保全措置を講じなければならない。

【問　42】 宅地建物取引業者の免許（以下この問において「免許」という。）に関する次の記述のうち、宅地建物取引業法の規定によれば、正しいものはどれか。

1　Aが自ら売主として、不特定多数の者に反復継続して転売することを目的として、不特定多数の者から反復継続して都市計画法に規定する用途地域内の土地を購入する場合、Aは免許を受ける必要はない。

2　Bが、甲県が所有する宅地について不特定多数の者に対して反復継続して売却する取引の媒介をする場合、Bは免許を受ける必要がある。

3　Cが、不特定多数の者から反復継続して、依頼者が所有する土地に住宅を建設することを請け負うことを業としている場合、Cは免許を受ける必要がある。

4　都市計画法に規定する工業専用地域内の土地で、駐車場の用に供されているものは、宅地建物取引業法第2条第1号に規定する宅地には該当しない。

【問　43】 次の記述のうち、宅地建物取引業法の規定によれば、誤っているものはどれか。

1　宅地建物取引業者Aが、免許の更新の申請をしたにもかかわらず、従前の免許の有効期間の満了の日までに、その申請について処分がなされないときは、従前の免許は、その有効期間の満了の日の翌日から失効する。

2　本店及び支店1か所を有する法人Bが、甲県内の本店では建設業のみを営み、乙県内の支店では宅地建物取引業のみを営む場合、Bは、乙県知事ではなく国土交通大臣の免許を受けなければならない。

3　宅地建物取引業者C（丙県知事免許）は、丁県内で一団の建物の分譲を行う案内所を設置し、当該案内所において建物の売買契約を締結する場合でも、免許換えの申請をする必要はない。

4　免許の更新を受けようとする宅地建物取引業者Dは、免許の有効期間満了の日の90日前から30日前までの間に、免許申請書を提出しなければならない。

【問　44】　宅地建物取引業保証協会（以下この問において「保証協会」という。）に関する次の記述のうち、宅地建物取引業法の規定によれば、誤っているものはいくつあるか。

ア　保証協会の社員は、保証協会から特別弁済業務保証金分担金を納付すべき旨の通知を受けた場合で、その通知を受けた日から３か月以内にその通知された額の特別弁済業務保証金分担金を保証協会に納付しないときは、当該保証協会の社員の地位を失う。

イ　宅地建物取引業者は、保証協会の社員の地位を失ったときは、当該地位を失った日から１週間以内に、営業保証金を主たる事務所の最寄りの供託所に供託しなければならない。

ウ　保証協会は、弁済業務保証金の還付があったときは、当該還付に係る社員又は社員であった者に対し、当該還付額に相当する額の還付充当金を保証協会に納付すべきことを通知しなければならない。

エ　保証協会の社員は、保証協会に加入した後に新たに事務所を開設した場合、その日から１週間以内に当該保証協会に追加の弁済業務保証金分担金を納付しないときは、社員の地位を失う。

1　一つ
2　二つ
3　三つ
4　四つ

【問　45】　宅地建物取引業者Ａ（甲県知事免許）が、自ら売主となって宅地建物取引業者でない買主Ｂに建築工事完了前のマンションを１億円で販売する場合に関する次の記述のうち、宅地建物取引業法及び特定住宅瑕疵担保責任の履行の確保等に関する法律の規定によれば、誤っているものはどれか。

1　住宅販売瑕疵担保保証金の供託をしているＡは、当該マンション（人の居住の用に供するものとする。以下同じ。）の買主Ｂに対し、当該マンションの売買契約を締結するまでに、その供託をしている供託所の所在地等の事項を記載した書面（買主の承諾を得て電磁的方法により提供する場合を含む。）を交付して説明しなければならない。

2　Ａは、営業保証金を供託している場合には、基準日において、買主Ｂに対する特定住宅販売瑕疵担保責任の履行を確保するための住宅販売瑕疵担保保証金の供託を免れる。

3　当該マンションを引き渡したＡは、基準日から３週間以内に、住宅販売瑕疵担保保証金の供託及び住宅販売瑕疵担保責任保険契約の締結の状況について、甲県知事に届け出なければならない。

4　Ａは、当該取引後、帳簿にその年月日、その取引に係る建物の所在等を記載しなければならず、閉鎖後10年間当該帳簿を保存しなければならない。

【問　46】　独立行政法人住宅金融支援機構（以下この問において「機構」という。）が行う証券化支援事業（買取型）に関する次の記述のうち、誤っているものはどれか。

1　証券化支援事業（買取型）の住宅ローン金利は、全期間固定金利が適用され、どの取扱金融機関に申し込んでも必ず同一の金利になる。

2　証券化支援事業（買取型）において、機構による買取りの対象となる貸付債権には、中古住宅の購入のための貸付債権も含まれる。

3　証券化支援事業（買取型）において、機構は、買い取った住宅ローン債権を担保としてＭＢＳ（資産担保証券）を発行することにより、債券市場（投資家）から資金を調達している。

4　証券化支援事業（買取型）において、銀行、保険会社、農業協同組合、信用金庫、信用協同組合などが貸し付けた住宅ローンの債権を買い取ることができる。

【問　47】　宅地建物取引業者が行う広告等に関する次の記述のうち、不当景品類及び不当表示防止法（不動産の表示に関する公正競争規約を含む。）の規定によれば、誤っているものはどれか。

1　建築基準法第42条に規定する道路に適法に接していない宅地を販売するときは、原則として、「再建築不可」又は「建築不可」の表示をしなければ、不当表示となる。

2　販売広告に係る宅地の取引を申し出た顧客に対し、取引に応じることなく他の物件を勧めたときでも、当該宅地が存在し、かつ顧客が了承していれば、その広告は不当表示となるおそれはない。

3　温泉法による温泉が付いたマンションであることを表示する場合、それが温泉に加温したものであるときは、その旨を明示して表示しなければ、不当表示となる。

4　現在工事中であるが、近く将来確実に利用できると認められるスーパーマーケット等の商業施設であっても、その整備予定時期を明示せずに表示すれば、不当表示となる。

【問　48】 次の記述のうち、正しいものはどれか。

1　令和６年地価公示（令和６年３月公表）によれば、令和５年１月以降の１年間の地価について住宅地を圏域別にみると、全国平均、三大都市圏平均、地方圏平均において、いずれも３年連続で上昇している。

2　令和４年度宅地建物取引業法の施行状況調査（国土交通省、令和５年10月公表）によれば、令和４年度末（令和５年３月末）現在の宅地建物取引業者数は、129,604業者となっており、近年、微減傾向が続いている。

3　年次別法人企業統計調査（令和４年度。令和５年９月公表）によれば、令和４年度の不動産業の経常利益は約５兆9,392億円となっており、前年度比で2.0%増となった。

4　建築着工統計調査報告（令和５年計。令和６年１月公表）によれば、令和５年の新設住宅着工戸数は、819,623戸であり、前年比では約4.6%増となり、３年ぶりの増加となった。

【問　49】 土地に関する次の記述のうち、適当なものはどれか。

1　自然堤防の背後に広がる低平地は、強固な地盤であることが多く、宅地に適している。

2　その根が土層と堅く結合している樹木が生育する斜面地では、根より深い位置の斜面崩壊に対しても、樹木による安定効果を期待することができる。

3　地下水位が浅く、砂質土で形成された地盤の場合、地震時は液状化する可能性が高い。

4　扇状地は、地盤は比較的堅固であり、土石流災害に対しても安全である。

【問　50】 建築の構造に関する次の記述のうち、最も適当なものはどれか。

1　免震構造は、建物の柱、はり、耐震壁などで剛性を高め、地震に対して十分耐えられるようにした構造である。

2　制震構造は、建物の下部構造と上部構造との間に積層ゴムなどを設置し、揺れを減らす構造である。

3　耐震構造は、制震ダンパーなどを設置し、揺れを制御する構造である。

4　既存不適格建築物の耐震補強として、制震構造や免震構造を用いることも可能である。

令和６年度
宅地建物取引士資格試験
予想模擬試験
［第３回］
問　題

次の注意事項をよく読んでから、始めてください。

（注意事項）

１　問　　題

問題は、63 ページから 87 ページまでの 50 問です。

試験開始の合図と同時に、ページ数を確認してください。

落丁や乱丁があった場合は、直ちに試験監督員に申し出てください。

２　解　　答

解答は、解答用紙の「記入上の注意」に従って記入してください。

正解は、各問題とも一つだけです。

二つ以上の解答をしたもの及び判読が困難なものは、正解としません。

３　適用法令

問題の中の法令に関する部分は、令和６年４月１日現在施行されている規定に基づいて出題されています。

令和６年度宅地建物取引士資格試験
予想模擬試験解答用紙［第３回］

記入上の注意

1. 氏名（フリガナ）及び受験番号を確認すること。
2. 氏名（漢字）欄に漢字で氏名を記入すること。
3. 解答は１問につき１つしかないので、２つ以上マークしないこと。
4. 記入に際しては必ずＢまたはHBの鉛筆（シャープペンの場合は、なるべくしんの太いもの）を使用すること。
5. 同じマークを訂正する場合は、プラスチック消しゴムで完全に消してからマークし直すこと。
6. この解答用紙をよごしたり折り曲げたりしないこと。
7. （マーク欄）は下の良い例のようにマークすること。

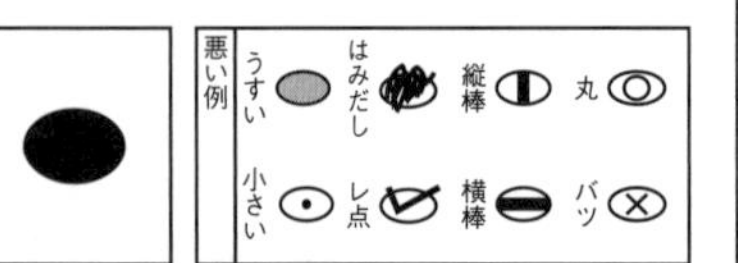

実施日	令和　年　月　日	試験地		
		電算番号		
受験番号				
氏名	フリガナ			
	漢字			

この欄は記入しないこと

0	0	0	0	0	0	0	0
1	1	1	1	1	1	1	1
2	2	2	2	2	2	2	2
3	3	3	3	3	3	3	3
4	4	4	4	4	4	4	4
5	5	5	5	5	5	5	5
6	6	6	6	6	6	6	6
7	7	7	7	7	7	7	7
8	8	8	8	8	8	8	8
9	9	9	9	9	9	9	9

解答欄

問題番号	解答番号	問題番号	解答番号
問１	① ② ③ ④	問26	① ② ③ ④
問２	① ② ③ ④	問27	① ② ③ ④
問３	① ② ③ ④	問28	① ② ③ ④
問４	① ② ③ ④	問29	① ② ③ ④
問５	① ② ③ ④	問30	① ② ③ ④
問６	① ② ③ ④	問31	① ② ③ ④
問７	① ② ③ ④	問32	① ② ③ ④
問８	① ② ③ ④	問33	① ② ③ ④
問９	① ② ③ ④	問34	① ② ③ ④
問10	① ② ③ ④	問35	① ② ③ ④
問11	① ② ③ ④	問36	① ② ③ ④
問12	① ② ③ ④	問37	① ② ③ ④
問13	① ② ③ ④	問38	① ② ③ ④
問14	① ② ③ ④	問39	① ② ③ ④
問15	① ② ③ ④	問40	① ② ③ ④
問16	① ② ③ ④	問41	① ② ③ ④
問17	① ② ③ ④	問42	① ② ③ ④
問18	① ② ③ ④	問43	① ② ③ ④
問19	① ② ③ ④	問44	① ② ③ ④
問20	① ② ③ ④	問45	① ② ③ ④
問21	① ② ③ ④	問46	① ② ③ ④
問22	① ② ③ ④	問47	① ② ③ ④
問23	① ② ③ ④	問48	① ② ③ ④
問24	① ② ③ ④	問49	① ② ③ ④
問25	① ② ③ ④	問50	① ② ③ ④

※切り取ってコピーしてお使いください。
※本試験では、あらかじめフリガナや受験番号の印刷された解答用紙が受験生に用意されていることがあります。
※この解答欄は令和５年度本試験の解答用紙をベースにデザインしたものです。

【問　1】 次の1から4までの記述のうち、民法の規定及び判例並びに下記判決文によれば、誤っているものはどれか。

（判決文）

民法304条1項ただし書は、先取特権者が物上代位権を行使するには払渡し又は引渡しの前に差押えをすることを要する旨を規定しているところ、この規定は、抵当権とは異なり公示方法が存在しない動産売買の先取特権については、物上代位の目的債権の譲受人等の第三者の利益を保護する趣旨を含むものというべきである。そうすると、動産売買の先取特権者は、物上代位の目的債権が譲渡され、第三者に対する対抗要件が備えられた後においては、目的債権を差し押さえて物上代位権を行使することはできないものと解するのが相当である。

1　Aが、Bに対する金銭債務を担保するため、自己の所有する甲土地に抵当権を設定しその登記をした後、将来生ずべき甲土地の賃料債権をCに包括的に譲渡して債権譲渡の対抗要件を備え、その後、Bが物上代位権の行使として賃料債権を差し押さえた場合、BがCに優先する。

2　AがBに絵画を売り渡し、BがCにこれを転売した後、Bが、この転売代金債権をDに譲渡して、確定日付のある証書によりCに対して債権譲渡の通知をした。その後、Aが動産売買の先取特権に基づく物上代位権の行使として、当該転売代金債権を差し押さえた場合、AがDに優先する。

3　Aが、Bに対する金銭債務を担保するため、自己の所有する甲土地に抵当権を設定した後、Aの一般債権者Cが甲土地より生じた賃料債権を差押え、差押命令が送達された。その後、AはBのために抵当権設定登記をした。Bが、物上代位権の行使として賃料債権を差し押さえた場合、CがBに優先する。

4　AがBのために抵当権設定登記をした後、Aの一般債権者Cが甲土地より生じた賃料債権について転付命令を得て、この転付命令が送達された。その後、Bが物上代位権の行使として賃料債権を差し押さえた場合、CがBに優先する。

【問　2】 不法行為に関する次の記述のうち、民法の規定及び判例によれば、誤っているものはどれか。

1　加害者数人が、共同不法行為者として民法第719条により各自連帯して損害賠償の責任を負う場合、その一人に対する履行の請求は、他の加害者に対してもその効力を有する。

2　土地の工作物の設置又は保存による瑕疵が前所有者の所有していた際に生じた場合であっても、現所有者は、土地工作物責任を負うことがある。

3　被害者に配偶者と子がいた場合は、その配偶者と子は、被害者の死亡による自己の精神上の苦痛に関し、自己の権利として損害賠償請求権を有する。

4　不法行為によって名誉を毀損された者の慰謝料請求権は、被害者が生前に請求の意思を表明しなかった場合でも、相続の対象となる。

【問　3】 A所有の家屋につき、Aを売主、Bを買主とする売買契約が成立した場合に関する次の記述のうち、民法の規定によれば、次の記述のうち、正しいものはどれか。

1　家屋の引渡し前に、その家屋が天災によって滅失した場合、Bは、Aに対し代金の支払いを拒むことができない。

2　家屋の引渡し前に、その家屋がBの責めに帰すべき事由により滅失した場合、Bは、Aに対し代金の支払いを拒むことができない。

3　家屋が第三者の放火により滅失したことによりBに引き渡すことが不能となった場合において、Aが、当該第三者に対して損害賠償請求権を取得したときは、Bは、Aに対してその損害賠償請求権の全部の移転を請求することができる。

4　家屋の引渡し前に、その家屋が天災によって滅失した場合、Bは、Aに対して、家屋の引渡しに代わる損害賠償の請求をすることができる。

【問　4】 抵当権に関する次の記述のうち、民法の規定によれば、正しいものはどれか。

1　抵当権の被担保債権を譲り受けた者は、被担保債権とともに抵当権を譲り受ける旨の契約を締結しなければ、当該抵当権を取得することはない。

2　抵当権を設定すると、目的物たる不動産の占有は、抵当権者のもとに移転する。

3　抵当権は、被担保債権の債務者の所有する不動産だけでなく、第三者の所有する不動産にも設定することができる。

4　主たる債務者、保証人及びこれらの者の承継人は、抵当権消滅請求をすることができるが、抵当不動産の第三取得者は、抵当権消滅請求をすることができない。

【問　5】 AのためにBが事務処理を行った。これが、AB間における委任契約に基づく債務の履行である場合（以下「①の場合」という。）と、Aのために行った事務管理である場合（以下「②の場合」という。）とに関する次の記述のうち、民法の規定によれば、正しいものはどれか。

1　Bは、①の場合には、事務を処理するために支出した費用について、Aに対してその償還を請求することができ、②の場合には、Aのために有益であった費用について、Aに対してその償還を請求することができる。

2　Bは、①の場合には、善良なる管理者の注意をもって、事務を処理する義務を負うが、②の場合には、民法第698条に規定する緊急事務管理を除いて、自己の財産に対するのと同一の注意をもって、事務を処理する義務を負う。

3　Bは、①の場合には、事務を処理するにあたって受け取った金銭をAに引き渡さなければならないが、②の場合には、Aに対しそのような義務を負わない。

4　Bは、①の場合には、委任の終了後に遅滞なくAに事務処理の経過及び結果を報告しなければならないが、②の場合には、事務管理を終了しても、Aに対して、そのような義務を負わない。

【問　6】 Aは、海外への転勤が決まることを停止条件として、Bとの間でA所有の甲不動産を売却する売買契約（以下この問いにおいて「本件契約」という。）を締結した。条件成就に関する特段の定めはしなかった。この場合に関する次の記述のうち、民法の規定によれば、正しいものはどれか。

1　Bは、Aが海外へ転勤することが決まったときは、本件契約の時点にさかのぼって甲不動産の所有権を取得する。

2　本件契約を締結した時点で、既にAが海外へ転勤することが決まっていた場合、本件契約は無効となる。

3　本件契約締結後、停止条件の成否が未定である間において、Aが甲不動産をCに売却し移転登記をし、その後Aが海外への転勤が決まった場合、BはAに対し損害賠償請求をすることができる。

4　本件契約締結後、停止条件の成否が未定である間にBが死亡し、DがBを相続した場合、その後にAが海外へ転勤することが決まったとしても、Dは甲不動産を取得することはできない。

【問　7】 Ａを売主、Ｂを買主とする売買契約において引き渡された目的物が、その引渡しの時に、その品質に関して契約に適合しないものであった（以下、本問において「本件契約不適合」という。）場合に関する次の記述のうち、民法の規定によれば、正しいものはどれか。

1　Ｂが代替物の引渡しをもって履行の追完を請求した場合において、Ａは、Ｂに不相当な負担を課するものでないときは、目的物の修補による履行の追完をすることができる。

2　履行の追完が可能であるときは、Ｂは、その追完の催告をすることなく、直ちに、本件契約不適合の程度に応じて代金の減額を請求することができる。

3　本件契約不適合が、契約その他の債務の発生原因及び取引上の社会通念に照らして、Ａの責めに帰することができない事由によるものであるときでも、Ｂは、本件契約不適合によって生じた損害の賠償を請求することができる。

4　Ｂが、本件契約不適合を知った時から１年以内にその旨をＡに通知しない場合、Ａがその引渡しの時に本件契約不適合を重大な過失によって知らなかったときでも、Ｂは、本件契約不適合を理由として、当該売買契約の解除をすることができない。

【問　8】 甲建物を所有するＡが死亡し、Ａの配偶者Ｂが甲建物の配偶者居住権を、Ａの子Ｃが甲建物の所有権をそれぞれ取得する旨の遺産分割協議が成立した場合に関する次の記述のうち、民法の規定によれば、正しいものはどれか。

1　Ｂの配偶者居住権の存続期間は、Ｂの終身の間であり、遺産分割協議において存続期間を別に定めることはできない。

2　Ｂは、Ｃの承諾を得なければ、甲建物の増築をすることはできない。

3　Ｃが甲建物をＤに売却した場合、Ｂは甲建物に居住していれば、配偶者居住権の設定の登記をしていなくても、Ｄに配偶者居住権を対抗することができる。

4　Ｂが高齢となり、バリアフリーのマンションに転居するための資金が必要となった場合、Ｂは、甲建物の配偶者居住権をＤに譲渡することができる。

【問　9】 AからBとCとが負担部分2分の1として連帯して1,000万円を借り入れる場合と、DからEが1,000万円を借り入れ、Fがその借入金返済債務についてEと連帯して保証する場合とに関する次の記述のうち、民法の規定及び判例によれば、正しいものはどれか。なお、AとB及びCとの間、DとE及びFとの間にその他特段の約定はないものとする。

1　Bが消滅時効の完成前に債務を承認すると、Cとの関係でも消滅時効が更新するが、Eが消滅時効の完成前に債務を承認しても、Fとの関係では消滅時効は更新しない。

2　AがBに対して債務の履行を裁判上請求し権利が確定したときは、Cとの関係でも消滅時効が更新するが、DがFに対して債務の履行を裁判上請求し権利が確定しても、Eとの関係では消滅時効は更新しない。

3　時効完成後にBが時効の利益を放棄した場合、Cはその消滅時効を援用することはできないが、時効完成後にEが時効の利益を放棄した場合、Fはその消滅時効を援用することができる。

4　反対債権を有するBが相殺を援用しない間は、Cは、一定の限度でAに対する債務の履行を拒むことができるが、EがDに対して反対債権を有している場合であっても、Fは、Dに対する債務の履行を拒むことができない。

【問　10】 Aが、B所有の土地をBの代理人として、Cとの間で売買契約を締結した場合に関する次の記述のうち、民法の規定及び判例によれば、正しいものはどれか。

1　Aが無権代理人である場合、CはBに対して相当の期間を定めて、その期間内に追認するか否かを催告することができ、Bが期間内に確答をしない場合には、追認したものとみなされる。

2　Aが、自己に代理権がないことを知りながら当該売買契約を締結した場合、AがBの代理人でないことをCが過失により知らなかったときは、Cは、Aに対して契約の履行又は損害賠償の責任を追及することができない。

3　Cは、Aの無権代理につき善意無過失であれば、Bが当該売買契約を追認しても、当該売買契約を取り消すことができる。

4　Aが無権代理人であって、Aの死亡によりBが単独でAを相続した場合には、Bは追認を拒絶することができるが、Cは、Aの無権代理につき善意無過失であれば、Bに対して損害賠償を請求することができる。

【問　11】　Ａが、Ｂに、Ａ所有の甲地を建物の所有を目的として賃貸し、Ｂがその土地上に乙建物を新築し、所有している場合に関する次の記述のうち、民法及び借地借家法の規定並びに判例によれば、正しいものはどれか。

1　Ｂが、乙建物をＣに譲渡しようとする場合において、Ｃが甲地の賃借権を取得してもＡに不利となるおそれがないにもかかわらず、Ａがその賃借権の譲渡を承諾しないときは、Ｂは、裁判所にＡの承諾に代わる許可をするよう申し立てることができる。

2　Ｂが、乙建物につき長男名義の所有権の保存登記をしている場合は、その長男がＢと同居していれば、甲地につき賃借権の登記をしていないときでも、甲地をＡから譲渡され所有権移転登記を受けたＤに対し、甲地の賃借権を対抗できる。

3　乙建物が滅失した場合でも、Ｂが借地借家法に規定する事項を甲地の上の見やすい場所に掲示したときは、Ｂは、甲地に賃借権の登記をせず、また、乙建物に所有権の保存登記をしていなかったとしても、滅失のあった日から２年間は、甲地をＡから譲渡され所有権移転登記を受けたＥに対し、甲地の賃借権を対抗できる。

4　甲地上のＢ所有の乙建物について所有権の保存登記がなされている場合には、甲地上の賃借権は対抗力を取得するから、ＢがＦと乙建物を譲渡する旨の合意をすれば、Ａの承諾の有無にかかわらず、Ｆは、Ａに対して甲地の賃借権を主張できる。

【問　12】　Ａは、その所有する建物を明らかな一時使用（期間２年）のためＢに賃貸したが、Ｂは期間満了後も居住を続け、Ａも、その事実を知りながら異議を述べなかった。この場合に関する次の記述のうち、民法及び借地借家法の規定によれば、正しいものはどれか。

1　Ａは、正当の事由のある場合に限り解約の申入れをすることができ、その６か月後に建物賃貸借契約は終了する。

2　Ａは、正当の事由のない場合でも解約の申入れをし、Ｂに対し、その３か月後に明渡請求をすることができる。

3　Ｂが、建物に自ら居住しているときは、Ｂは、Ａからその建物を買い受けた者に対し、賃借権を対抗することができる。

4　「Ｂは、賃貸借の終了時に、Ａに対してすべての造作の買取りを請求しない」旨の特約は、無効である。

【問　13】 建物の区分所有等に関する法律に関する次の記述のうち、誤っているものはどれか。

1　敷地利用権が数人で有する所有権その他の権利である場合には、区分所有者は、規約で別段の定めがあるときを除き、その有する専有部分とその専有部分に係る敷地利用権とを分離して処分することができる。

2　区分所有者は、建物並びにその敷地及び附属施設の管理を行うための団体である管理組合を構成し、区分所有者であれば当然に管理組合の構成員になる。

3　集会において、管理者の選任を行う場合、規約に別段の定めがない限り、区分所有者及び議決権の各過半数で決するが、この管理者は、区分所有者以外の者から選任することができる。

4　規約は、管理者が保管しなければならない。ただし、管理者がないときは、建物を使用している区分所有者又はその代理人で規約又は集会の決議で定めるものが保管しなければならない。

【問　14】 不動産登記の申請に関する次の記述のうち、誤っているものはどれか。

1　抵当権の設定の登記の申請は、必ず、被担保債権の債権者が登記権利者、債務者が登記義務者となって行わなければならない。

2　登記権利者及び登記義務者が共同して申請することを要する登記について、登記義務者が申請に協力しない場合には、登記権利者が登記義務者に対し登記手続を求める旨の判決が確定すれば、登記権利者が単独で申請することができる。

3　登記名義人の氏名若しくは名称又は住所についての変更の登記又は更正の登記は、登記名義人が単独で申請することができる。

4　登記の申請は、登記権利者及び登記義務者が共同してするのが原則であるが、相続による権利の移転の登記は、登記権利者のみで申請することができる。

【問　15】 都市計画法に関する次の記述のうち、正しいものはどれか。

1　地区計画の区域（地区整備計画が定められている区域に限る。）内において、土地の区画形質の変更、建築物の建築等を行った者は、当該行為の後30日以内に、行為の種類、場所等一定の事項を市町村長に届け出なければならない。

2　地区計画は、すべて市町村が定めることとされている。

3　地区計画については、都市計画に、地区計画の種類、名称、位置、区域及び区域の面積を定めなければならない。

4　地区計画は、用途地域が定められていない土地の区域については、定めることができない。

【問　16】 都市計画法に関する次の記述のうち、正しいものはどれか。なお、この問において「都道府県知事」とは、地方自治法に基づく指定都市、中核市及び施行時特例市にあってはその長をいうものとする。

1　開発許可を受けた者が、工事の着手予定年月日の変更をしようとするときは、さらに都道府県知事の許可を受けなければならない。

2　開発許可を申請しようとする者は、あらかじめ、開発行為に関係がある公共施設の管理者と協議しなければならないが、その同意までは不要である。

3　開発許可を受けた者から当該開発区域内の土地の所有権を取得した者は、都道府県知事の承認を受けて、当該開発許可を受けた者が有していた当該開発許可に基づく地位を承継することができる。

4　開発許可を受けた者は、開発行為に関する工事を廃止するときは、都道府県知事の許可を受けなければならない。

【問　17】　建築基準法に関する次の記述のうち、正しいものはどれか。

1　高さ 21 m の建築物には、必ず避雷設備を設けなければならない。

2　木造 3 階建ての建築物を都市計画区域外に建築する場合は、確認済証の交付を受けなければ、その建築工事に着手することはできない。

3　鉄筋コンクリート 3 階建ての建築物の工事については、中間検査を受けるべき工程を含むことはない。

4　用途が博物館である建築物の用途を変更して、図書館にする場合、確認が必要となることはない。

【問　18】　建築基準法に関する次の記述のうち、正しいものはどれか。

1　商業地域内の準防火地域内に耐火建築物を建築する場合には、建蔽率（建築物の建築面積の敷地面積に対する割合）の制限は、適用されない。

2　第一種低層住居専用地域、第二種低層住居専用地域又は田園住居地域内の建築物の高さは、都市計画で 10 m 以下又は 12 m 以下と定められているが、建築基準法第 56 条第 1 項第 2 号に規定する隣地斜線制限の適用がある。

3　第一種低層住居専用地域、第二種低層住居専用地域又は田園住居地域内においては、都市計画において外壁の後退距離の限度を定めることができるが、これが定められた場合、建築物の外壁から敷地境界線までの距離は、一定の例外の場合を除き、当該限度以上でなければならない。

4　建築物の敷地面積は、用途地域に関する都市計画において建築物の敷地面積の最低限度が定められたときは、当該最低限度以上でなければならないが、その最低限度は、150㎡を超えてはならない。

【問　19】 次の記述のうち、誤っているものはどれか。

1　都市緑地法によれば、特別緑地保全地区内において、建築物の新築を行おうとする者は、原則として都道府県知事（市の区域内にあっては、当該市の長）の許可を受けなければならない。

2　港湾法によれば、港湾区域内において、港湾区域内の水域又は公共空地における土砂の採取をしようとする者は、原則として港湾管理者の許可を受けなければならない。

3　国土利用計画法によれば、宅地建物取引業者から市街化区域内の2,500㎡の土地を買い受けた者は、その日から30日以内に同法第23条に基づく届出を行わなければならない。

4　文化財保護法によれば、重要文化財に関しその現状を変更し、又はその保存に影響を及ぼす行為をしようとするときは、原則として文化庁長官の許可を受けなければならない。

【問　20】 宅地造成及び特定盛土等規制法に関する次の記述のうち、正しいものはどれか。なお、この問において「都道府県知事」とは、地方自治法に基づく指定都市及び中核市にあってはその長をいうものとする。

1　都道府県知事は、宅地造成等工事規制区域内の土地の区域であって、一定の条件からみて、当該区域内の土地において特定盛土等又は土石の堆積が行われた場合には、これに伴う災害により市街地等区域等の区域の居住者等の生命又は身体に危害を生ずるおそれが特に大きいと認められる区域を、特定盛土等規制区域として指定することができる。

2　特定盛土等規制区域内の宅地において行う盛土であって、当該盛土をする土地の面積が300㎡で、かつ、高さ1.5 mの崖を生ずることとなるものに関する工事については、一定の場合を除いて、当該工事に着手する日の14日前までに、当該工事の計画を都道府県知事に届け出なければならない。

3　都道府県知事は、この法律の目的を達成するために必要があると認めるときは、宅地造成に伴う災害で相当数の居住者等に危害を生ずるものの発生のおそれが大きい宅地造成等工事規制区域内の一団の造成宅地の区域であって政令で定める基準に該当するものを、造成宅地防災区域として指定することができる。

4　都道府県知事は、宅地造成等工事規制区域内及び特定盛土等規制区域内の土地の所有者、管理者又は占有者に対して、当該土地又は当該土地において行われる工事の状況について報告を求めることができる。

【問　21】　土地区画整理法に関する次の記述のうち、正しいものはどれか。

1　宅地について所有権若しくは借地権を有する者は、当該権利の目的である宅地について、土地区画整理事業を施行することができるが、それらの者の同意を得た者は、土地区画整理事業を施行することができない。

2　施行地区となるべき区域内の宅地について所有権又は借地権を有する者が、総株主の議決権の3分の1以上を保有している株式会社は、当該所有権又は借地権の目的である宅地を含む一定の区域の土地について土地区画整理事業を施行することができる。

3　都道府県又は市町村は、施行区域の土地について土地区画整理事業を施行することができる。

4　国土交通大臣は、施行区域の土地について、国の利害に重大な関係がある土地区画整理事業で災害の発生その他特別の事情により急施を要すると認められるものについては、都道府県又は市町村に土地区画整理事業を施行すべきことを指示することができるが、自ら施行することはできない。

【問　22】　農地法に関する次の記述のうち、正しいものはどれか。

1　市街化区域（都市計画法第7条第1項の市街化区域と定められた区域で、農林水産大臣との協議を要する場合にあっては、当該協議が調ったものに限る。）内の農地5haを宅地に転用しようとする場合には、あらかじめ農業委員会に届け出たときであっても、なお農林水産大臣の許可を受けなければならない。

2　市街化調整区域内にある採草放牧地及び農地を宅地に転用する目的で売却しようとする場合で、それらの合計の面積が4haを超えていても、都道府県知事（農林水産大臣が指定する市町村の区域内にあっては、指定市町村長）の許可を受ければよい。

3　農地法第3条の許可を要する採草放牧地の権利移動については、当該許可を受けないでした行為であっても、その効力を生ずる。

4　建設資材を一時置く目的で農地を賃借し、使用後は農地に復元して返還するつもりであれば、農地法第5条の許可は不要である。

【問　23】 固定資産税に関する次の記述のうち、正しいものはどれか。

1　固定資産税の税率は、1.4％を超えることができない。

2　固定資産税の納税者は、その納付すべき当該年度の固定資産課税に係る固定資産について、固定資産課税台帳に登録された価格について不服があるときは、文書をもって、固定資産評価審査委員会に審査の申出をすることができる。

3　土地又は家屋に対して課する固定資産税の課税標準は、地目の変換、家屋の改築又は損壊その他これらに類する特別の事情がない限り、基準年度以後３年度間据え置かれる。

4　家屋に対して課する固定資産税の納税者は、家屋価格等縦覧帳簿をいつでも縦覧することができる。

【問　24】 住宅用家屋の所有権の移転登記に係る登録免許税の税率の軽減措置に関する次の記述のうち、正しいものはどれか。

1　この税率の軽減措置は、法人が従業員の社宅として取得した住宅用家屋に係る所有権の移転の登記にも適用される。

2　この税率の軽減措置は、住宅用家屋を贈与により取得した場合に受ける所有権の移転の登記にも適用される。

3　この税率の軽減措置の適用を受けるためには、やむを得ない事情がある場合を除き、その住宅用家屋の取得後３月以内に所有権の移転の登記を受けなければならない。

4　この税率の軽減措置は、所有権の移転の登記に係る住宅用家屋の床面積が50㎡未満の場合には適用されない。

【問　25】 不動産の鑑定評価に関する次の記述のうち、不動産鑑定評価基準によれば、誤っているものはどれか。

1　不動産の鑑定評価によって求める価格は、基本的には正常価格であるが、鑑定評価の依頼目的に対応した条件により限定価格、特定価格又は特殊価格を求める場合がある。

2　原価法における再調達原価を求める方法には、直接法及び間接法があるが、収集した建設事例等の資料としての信頼度に応じていずれかを適用するものとし、両者を併用することはできない。

3　取引事例における取引の時点が価格時点と異なり、その間に価格水準に変動がある場合、当該取引事例の価格を価格時点の価格に修正しなければならない。

4　不動産の価格を形成する要因における一般的要因とは、一般経済社会における不動産のあり方及びその価格の水準に影響を与える要因をいい、自然的要因、社会的要因、経済的要因及び行政的要因に大別される。

【問　26】 宅地建物取引業者Aが、自ら売主として買主Bとの間で締結した建物の売買契約について、Bが宅地建物取引業法第37条の2の規定に基づき、いわゆるクーリング・オフによる契約の解除をする場合における次の記述のうち、正しいものはいくつあるか。

ア　宅地建物取引業者でないBは、Aの広告を見て、興味を持ち、Aの事務所で話を聞いたが、その時は契約するまでには至らなかった。後日、BからBの勤務先の会社で詳しく説明を受けたい旨をAに伝えたところ、AがBの会社を訪問し、その場で契約に至った場合、Bは、クーリング・オフによる契約の解除をすることができる。

イ　宅地建物取引業者でないBは、適法にクーリング・オフによる契約の解除をした場合、特約がなければ、契約に際し支払った手付金その他の金銭を全額Aから返還してもらうことができる。

ウ　Aは、当該物件をよく知っている宅地建物取引業者であるBから電話による購入の申込みがあったので、即座に契約した場合、Bは、クーリング・オフによる契約の解除をすることができる。

1　一つ

2　二つ

3　三つ

4　なし

【問　27】　宅地建物取引業者Ａが、自ら売主として、買主Ｂとの間で締結した売買契約に関する次の記述のうち、宅地建物取引業法（以下この問において「法」という。）及び民法の規定によれば、次の記述のうち正しいものはいくつあるか。

ア　宅地建物取引業者でないＢとの売買契約で法第41条又は第41条の２に規定する手付金等の保全措置を講じた場合は、Ａの建物の契約不適合責任追及のための通知期間に関し、その建物の引渡しの日から１年とする特約をすることができる。

イ　「Ａが契約不適合責任を負う場合において、宅地建物取引業者でないＢは、契約を解除することはできないが、損害賠償を請求することができる」旨の特約は、有効である。

ウ　Ａと宅地建物取引業者でないＢは、「建物が種類又は品質に関して契約の内容に適合しないものものであっても、その不適合がＡの責めに帰するものでないときは、Ａは担保責任を負わない」旨の特約をすることができる。

エ　Ａと宅地建物取引業者であるＢは、「建物の譲渡価格について値引きをするかわりに、契約不適合責任の通知期間については、引渡しの日から３月間とする」旨の特約は、有効である。

1　一つ

2　二つ

3　三つ

4　四つ

【問　28】　次の記述のうち、宅地建物取引業法の規定によれば、誤っているものはいくつあるか。

ア　宅地建物取引士の登録を受けている者が死亡した場合、その相続人は、死亡の事実を知った日から30日以内に、登録をしている都道府県知事に届出をしなければならない。

イ　都道府県知事は、不正の手段によって宅地建物取引士資格試験を受けようとした者に対しては、その試験を受けることを禁止することができ、また、その禁止処分を受けた者に対し３年を上限とする期間を定めて受験を禁止することができる。

ウ　甲県知事の宅地建物取引士の登録を受けている者が、単に住所を乙県に変更しただけでは、乙県知事に対し登録の移転を申請することはできない。

エ　宅地建物取引士の登録を受けている者が本籍を変更した場合、その日から30日以内に、登録をしている都道府県知事に変更の登録を申請しなければならない。

1　一つ

2　二つ

3　三つ

4　四つ

【問　29】　宅地建物取引業者Aが、Bからその建物の売却につき、媒介の依頼を受けた場合に関する次の記述のうち、宅地建物取引業法（以下この問において「法」という。）の規定によれば、誤っているものはどれか。なお、法第34条の2第1項の規定に基づく書面の交付に代えて、電磁的方法により提供する場合を含むものとする。

1　AがBと専任媒介契約を締結した場合、当該媒介契約の有効期間の満了に際して、BからAに更新の申出があった場合には、3か月を限度として更新することができる。

2　AがBと媒介契約を締結した場合、Aは、遅滞なく、法第34条の2の規定により依頼者に交付すべき書面を作成し、宅地建物取引士をして記名押印させ、Bに交付しなければならない。

3　AがBと専任媒介契約を締結した場合、当該建物が既存建物であるときは、媒介契約書にBに対する建物状況調査を実施する者のあっせんに関する事項を記載しなければならない。

4　AがBと媒介契約を締結した場合、Aが当該物件を売買すべき価額に対して意見を述べるときは、Bに対してその根拠を明らかにしなければならないが、その方法は口頭ですることができる。

【問　30】　次の記述のうち、宅地建物取引業法の規定によれば、正しいものはいくつあるか。

ア　宅地建物取引士は、宅地建物取引業の業務に従事するときに限り、宅地建物取引士の信用又は品位を害するような行為をしてはならない。

イ　未成年者は、成年者と同一の行為能力を有していたとしても、成年に達するまでは宅地建物取引士の登録を受けることができない。

ウ　甲県知事から宅地建物取引士証の交付を受けている宅地建物取引士は、その住所を変更したときは、30日以内に、変更の登録の申請をするとともに、宅地建物取引士証の書換え交付の申請を甲県知事に対してしなければならない。

エ　乙県知事から宅地建物取引士証の交付を受けている宅地建物取引士が、宅地建物取引士証の有効期間の更新を受けようとする場合、乙県知事に申請し、その申請5月前に行われた乙県知事の指定する講習を受講すれば、宅地建物取引業法に違反しない。

1　一つ
2　二つ
3　三つ
4　四つ

【問　31】　宅地建物取引業法の規定に基づく罰則に関する次の記述のうち、正しいものはどれか。

1　宅地建物取引業者は、その事務所ごとに、公衆の見やすい場所に国土交通大臣が定めた報酬額を掲示しなければならないが、当該規定に違反しても罰則の適用はない。

2　宅地建物取引業者である法人の従業者が、建物の売買の契約の締結について勧誘をするに際し、当該建物の利用の制限に関する事項で買主の判断に重要な影響を及ぼすものを故意に告げなかった場合、当該法人に対して1億円以下の罰金刑が科せられることがある。

3　業務の停止の命令に違反して業務を営んでも、免許取消処分を受けることはあるが、罰則の適用を受けることはない。

4　宅地建物取引士は、重要事項の説明をするときは、説明の相手方に対し、宅地建物取引士証を提示しなければならないが、当該提示を怠ったときは、10万円以下の罰金に処せられる。

【問　32】　営業保証金に関する次の記述のうち、宅地建物取引業法の規定によれば、誤っているものはいくつあるか。

ア　宅地建物取引業者は、事業開始後に、新たに事務所を一つ設置したときは、営業保証金500万円を新たに設置した事務所の最寄りの供託所に供託し、その旨を免許権者に届け出た後でなければ、その新たに設置した事務所で事業を開始することはできない。

イ　宅地建物取引業者は、営業保証金が還付されたため、供託額に不足を生じたときは、免許権者より通知を受けた日から30日以内に不足額を供託しなければならない。

ウ　宅地建物取引業者は、主たる事務所を移転したためその最寄りの供託所が変更した場合において、金銭及び有価証券によって営業保証金を供託しているときは、遅滞なく、営業保証金を移転後の主たる事務所の最寄りの供託所に新たに供託しなければならない。

エ　宅地建物取引業者は、免許を受けてから3月以内に営業保証金を供託した旨の届出をしない場合は、免許権者から届出をすべき旨の催告を受け、さらに催告が到達した日から1月以内に届出をしないと免許を取り消されることがある。

1　一つ

2　二つ

3　三つ

4　四つ

【問　33】　宅地建物取引業者が行う宅地建物取引業法第35条に規定する重要事項の説明に関する次の記述のうち、正しいものはどれか。なお、説明の相手方は宅地建物取引業者でないものとする。

1　建物の売買の媒介だけでなく建物の貸借の媒介を行う場合においても、当該建物が都市計画法の準防火地域内にあり、建築基準法第61条第1項に基づく建物の構造に係る制限があるときは、その概要を説明しなければならない。

2　建物の売買の媒介だけでなく建物の貸借の媒介を行う場合においても、当該建物が宅地造成及び特定盛土等規制法の規定により指定された造成宅地防災区域内にあるときは、その旨を説明しなければならない。

3　建物の貸借の媒介を行う場合においては、当該建物の所有権に関する登記名義人は説明しなければならないが、当該建物に係る登記されている抵当権については説明する必要はない。

4　建物の貸借の媒介を行う場合においては、当該建物が昭和56年5月31日以前に新築の工事に着手され、完成されたものであり、かつ、建築基準法に規定する指定確認検査機関による耐震診断を受けたものであるときでも、その内容を説明する必要はない。

【問　34】　宅地建物取引業者Aが、自ら売主として宅地建物取引業者でない買主Bとの間で宅地の売買契約を締結した場合における次の記述のうち、民法及び宅地建物取引業法の規定並びに判例によれば、誤っているものはどれか。

1　Aが、解約手付により当該売買契約の解除を行う場合は、Bに対して「手付の倍額を償還して、契約を解除する」という意思表示を書面で行ったときでも、償還すべき金銭の提供をしなければ、解約手付により契約を解除することはできない。

2　当事者の債務不履行を理由とする契約の解除に伴う損害賠償の予定額を定めていない場合、損害額を立証することができれば、損害賠償の請求額は売買代金に制限されない。

3　Aは、当該売買契約の締結日にBから手付金を受領し、翌日、Bから内金を受領した。その2日後、AがBに対して、手付の倍額を償還することにより契約解除の申出を行った場合、Bは、契約の履行に着手しているとしてこれを拒むことができない。

4　当事者の債務不履行を理由とする契約の解除に伴う損害賠償の予定額を売買代金の2割とした場合は、別途違約金の額を定めることはできない。

【問　35】　宅地建物取引業者Ａ社が、自ら売主として宅地建物取引業者でない買主Ｂと建築工事完了前のマンション（代金3,000万円）の売買契約を締結し、Ｂから手付金200万円を受領した。この場合において、宅地建物取引業法第41条第１項の規定による手付金等の保全措置（以下この問において「保全措置」という。）に関する次の記述のうち、正しいものはどれか。

1　Ｂが売買契約締結前に申込証拠金５万円を支払っている場合で、当該契約締結後、当該申込証拠金が代金に充当されるときであっても、Ａ社は、その申込証拠金に相当する額については保全措置を講ずる必要はない。

2　Ａ社が銀行との間で保証委託契約を締結することにより保全措置を講じている場合、当該措置内容は、Ａ社が受領した手付金の返還債務の全部を保証するものでなくともよい。

3　Ａ社は、売買契約締結後の建築工事中に、さらに200万円を中間金としてＢから受領する場合、当該中間金については保全措置を講ずる必要はない。

4　Ａ社が保険事業者との間で保証保険契約を締結することにより保全措置を講じている場合、当該措置内容は、少なくとも当該保証保険契約が成立した時から当該マンションの引渡しまでの期間を保険期間とするものでなければならない。

【問　36】　次の宅地建物取引業者Ａ・Ｂ・Ｃが受領できる報酬額についての記述として、宅地建物取引業法の規定によれば、正しいものはいくつあるか。

ア　Ａが単独で貸主と借主の双方から店舗用建物の貸借の媒介の依頼を受け、１か月の借賃25万円（消費税額及び地方消費税額を含まない。）、保証金330万円（借主の退去時に借主に全額返還されるものとする。）の契約を成立させた場合、Ａは依頼者の双方から合計で30万8,000円の報酬を受けることができる。

イ　Ｂは、依頼者から媒介報酬の限度額まで受領できるほかに、法第37条の規定に基づく契約の内容を記載した書面を作成した対価として、文書作成費を受領することができる。

ウ　中古住宅（１か月分の借賃20万円。消費税等相当額を含まない。）の貸借について、Ｃが貸主から媒介を依頼され、現地調査等の費用が通常の貸借の媒介に比べ３万円（消費税等相当額を含まない。）多く要する場合、その旨を貸主に対し説明した上で、Ｃが貸主から受け取ることができる報酬の上限額は198,000円である。

1　一つ

2　二つ

3　三つ

4　なし

【問　37】 甲県知事の免許を受けている宅地建物取引業者Aが、乙県内において10区画の宅地の分譲をすることとし、その販売の代理を乙県知事の免許を受けている宅地建物取引業者Bに依頼して、Bが乙県内に案内所を設置して業務を行うこととした。この場合、宅地建物取引業法第50条第2項の規定による案内所等の届出に関する次の記述のうち、正しいものはどれか。

1　所在場所の届出はAが甲県知事に、案内所等の届出はBが乙県知事に、それぞれしなければならない。

2　案内所等の届出は、Bが、甲県知事と乙県知事にしなければならない。

3　Aは、当該案内所の所在地、業務内容、業務を行う期間及び専任の宅地建物取引士の氏名について、甲県知事及び乙県知事のいずれにも届け出なければならない。

4　Bは、案内所等の届出を、その案内所の所在地を管轄する乙県知事に、業務を開始する10日前までにしなければならない。

【問　38】 宅地建物取引業者A社が行う業務に関する次の記述のうち、宅地建物取引業法の規定に違反するものはいくつあるか。

ア　A社は、建物の販売に際して、売買契約の締結後、買主から手付放棄による契約解除の申出を受けたが、すでに当該建物の引渡しを終えていたので、これを拒んだ。

イ　A社は、建物の販売に際して、買主が手付として必要な額を持ち合わせていなかったため、手付に関し銀行との間の金銭の貸借の斡旋をして、契約の締結をさせた。

ウ　A社は、建物の売買の媒介に際して、売買契約の締結後、買主に対して不当に高額の報酬を要求したが、実際に受領した報酬の額は国土交通大臣が定めた額の範囲内であった。

エ　A社は、マンションの販売に際して、その契約締結の勧誘の最中で初めてA社の商号及び勧誘を行う者の氏名、勧誘の目的を告げた。

1　一つ

2　二つ

3　三つ

4　四つ

【問　39】 宅地建物取引業者Aが、売主Bと買主Cとの間の中古建物の売買について媒介を行う場合において、宅地建物取引業法（以下この問において「法」という。）第37条の規定により交付すべき書面（以下この問において「37条書面」といい、電磁的方法により提供するものを含む。）に関する次の記述のうち、法の規定によれば、誤っているものはいくつあるか。

ア　B及びCが宅地建物取引業者である場合でも、37条書面において、移転登記の申請時期の記載を省略することはできない。

イ　Aが、宅地建物取引士をして、37条書面に記名させた場合には、37条書面の交付も、当該宅地建物取引士にさせなければならない。

ウ　建物の構造耐力上主要な部分等の状況について当事者の双方が確認した事項がない場合、その旨を37条書面に記載しなければならない。

エ　公正証書によってなされる売買契約の場合、当該公正証書に宅地建物取引士の記名がなければ、法第35条に規定する書面に宅地建物取引士の記名があっても、当該公正証書をもって37条書面に代えることはできない。

1　一つ

2　二つ

3　三つ

4　四つ

【問　40】　宅地建物取引業保証協会（以下この問において「保証協会」という。）に関する次の記述のうち、宅地建物取引業法の規定によれば、正しいものはどれか。

1　保証協会は、全国の宅地建物取引業者を直接又は間接の社員とする一般社団法人による宅地建物取引士等に対する研修の実施に要する費用の助成をすることが義務付けられている。

2　保証協会は、その社員の地位を失った宅地建物取引業者が地位を失った日から1週間以内に営業保証金を供託した場合、当該宅地建物取引業者に対し、公告をすることなく弁済業務保証金分担金を返還することができる。

3　保証協会は、新たに社員が加入したときは、当該社員の免許権者が都道府県知事であるときには、直ちに当該知事に報告することが義務付けられている。

4　保証協会の供託した弁済業務保証金について弁済を受ける権利を有する者（宅地建物取引業者を含む。）が、その還付請求をしようとする場合は、当該保証協会の認証を受けた後、法務大臣及び国土交通大臣の定める供託所に請求しなければならない。

【問　41】　宅地建物取引業法第35条の規定により交付すべき書面に記載すべき重要事項を電磁的方法により提供すること（以下この問において「35条書面の電磁的方法による提供」という。）及び宅地建物取引業法第37条の規定により交付すべき書面に記載すべき事項を電磁的方法により提供すること（以下この問において「37条書面の電磁的方法による提供」という。）に関する次の記述のうち、誤っているものはどれか。

1　宅地建物取引業者が自ら売主として締結する売買契約においては、35条書面の電磁的方法による提供及び37条書面の電磁的方法による提供のいずれの場合にも、当該契約の相手方の承諾を得なければ行うことはできない。

2　35条書面の電磁的方法による提供を行う場合、専任の宅地建物取引士が明示されるものでなければならない。

3　宅地建物取引業者が自ら売主として締結する売買契約において、35条書面の電磁的方法による提供を行う場合、買主が宅地建物取引業者であるときは、説明を省略することができる。

4　宅地建物取引業者が自ら売主として締結する売買契約において、37条書面の電磁的方法による提供を行う場合、当該提供されたファイルへの記録を取引の相手方が出力することにより書面を作成できるものでなければならない。

【問　42】　宅地建物取引業者Aが建物に係る信託（Aが委託者となるものとする。）の受益権を販売する場合において、宅地建物取引業法第35条の規定に基づいてAが行う重要事項の説明に関する次の行為のうち、宅地建物取引業法の規定によれば、誤っているものの組合せはどれか。

ア　Aは、金融商品取引法第2条第31項に規定する特定投資家である買主Bに、説明を省略することができる。

イ　Aは、販売の対象が信託の受益権であったので、買主Cに対し、宅地建物取引士でない従業員に説明をさせることができる。

ウ　Aは、当該信託財産である建物の瑕疵を担保すべき責任の履行に関して保証保険契約を締結していたが、買主Dに対しその説明を省略することができる。

エ　Aは、当該信託の受益権の売買契約を締結する10か月前に、買主Eに対して当該契約と同一の内容の契約について書面を交付して説明していた場合、今回の信託受益権の販売において、説明を省略することができる。

1　ア、イ

2　イ、ウ

3　イ、エ

4　ウ、エ

【問　43】　宅地建物取引業法第32条に規定する「誇大広告等の禁止」に関する次の記述のうち、正しいものはどれか。

1　宅地建物取引業者が誇大広告等をすれば、当該広告により契約の申込み等がなく、実際に損害等を被った者が現れなかったときであっても、宅地建物取引業法第32条の規定違反となる。

2　現在の環境又は交通その他の利便に関する誇大広告等は禁止されるが、将来の環境又は交通その他の利便について誇大広告等をしても、宅地建物取引業法第32条の規定違反に問われることはない。

3　宅地建物取引業者が広告制作会社に不動産販売に関する広告の制作を依頼し、当該広告制作会社が誇大広告等を作成した場合であれば、当該宅地建物取引業者が宅地建物取引業法第32条の規定違反に問われることはない。

4　代金、借賃等の対価の額又はその支払方法に関する誇大広告等は禁止されるが、代金等に関する金銭の貸借のあっせんについて誇大広告等をしても、宅地建物取引業法第32条の規定違反に問われることはない。

【問　44】　宅地建物取引業法の規定に基づく監督処分に関する次の記述のうち、正しいものはどれか。

1　国土交通大臣は、その免許を受けた宅地建物取引業者以外の宅地建物取引業者Ａ（甲県知事免許）に対しては、宅地建物取引業の適正な運営を確保し、又は健全な発達を図るため必要な指導、助言及び勧告をすることができない。

2　国土交通大臣に宅地建物取引業を営む旨の届出をしている信託業法第３条の免許を受けた信託会社は、宅地建物取引業の業務に関し取引の関係者に損害を与え情状が特に重いときは、免許取消処分を受けることがある。

3　乙県知事は、乙県の区域内における宅地建物取引業者Ｂ（丙県知事免許）の業務に関し、Ｂに対して業務停止処分をした場合、遅滞なく、その旨を乙県の公報又はウェブサイトへの掲載その他の適切な方法により公告しなければならない。

4　丁県知事は、宅地建物取引業者Ｃ（丁県知事免許）に対して指示処分以外の監督処分をしようとするときは、聴聞を行わなければならず、その期日における審理は、公開により行わなければならない。

【問　45】　次の記述のうち、特定住宅瑕疵担保責任の履行の確保等に関する法律（以下この問において「履行確保法」という。）の規定によれば、正しいものはどれか。

1　住宅販売瑕疵担保保証金の供託は、法務大臣及び国土交通大臣の定める供託所にしなければならない。

2　新築住宅を引き渡した宅地建物取引業者は、基準日に、当該基準日に係る住宅販売瑕疵担保保証金の供託及び住宅販売瑕疵担保責任保険契約の締結の状況について、基準日から50日以内に、その免許を受けた国土交通大臣又は都道府県知事に届け出なければならない。

3　新築住宅を引き渡した宅地建物取引業者は、住宅販売瑕疵担保保証金の供託をし、かつ、その届出をしなければ、基準日の翌日から起算して３週間を経過した日以後においては、新たに自ら売主となる新築住宅の売買契約を締結してはならないのが原則である。

4　供託宅地建物取引業者は、自ら売主となる新築住宅の買主に対し、当該新築住宅の売買契約を締結するまでに、その住宅販売瑕疵担保保証金の供託をしている供託所の所在地その他住宅販売瑕疵担保保証金に関し国土交通省令で定める事項について、これらの事項を記載した書面（買主の承諾を得て電磁的方法により提供する場合を含む。）を交付して説明しなければならない。

【問　46】　独立行政法人住宅金融支援機構（以下この問において「機構」という。）の業務に関する次の記述のうち、誤っているものはどれか。

1　機構は、住宅の建設、購入、改良をしようとする者に対し、必要な資金の調達に関する情報の提供、相談その他の援助を行う。

2　機構は、災害復興建築物の建設若しくは購入又は被災建築物の補修に必要な資金の貸付けを行う。

3　機構は、マンションの共用部分の改良に必要な資金の貸付けを行う。

4　機構は、子どもを育成する家庭又は高齢者の家庭に適した良好な居住性能及び居住環境を有する住宅で自ら居住するためのものの購入に必要な資金の貸付けを行う。

【問　47】　宅地建物取引業者が行う広告等に関する次の記述のうち、不当景品類及び不当表示防止法（不動産の表示に関する公正競争規約を含む。）の規定によれば、誤っているものはどれか。

1　団地（一団の宅地又は建物をいう。）と駅その他の施設との間の道路距離又は所要時間は、それぞれの施設ごとにその施設から当該団地内の中心部を起点又は着点として算出した数値を表示しなければならない。

2　地目は、登記簿に記載されているものを表示し、現況の地目と異なるときは、現況の地目を併記しなければならない。

3　修繕積立金について、住戸により金額が異なる場合において、その全ての住宅の修繕積立金を示すことが困難であるときは、最低額及び最高額のみで表示することができる。

4　宅地の分譲広告において、パンフレット等の媒体を除き、全ての宅地の価格を表示せず、一区画あたりの最高価格、最低価格、最多価格帯及びそれぞれの販売区画数を表示する方法によってもよい。

【問　48】 次の記述のうち、誤っているものはどれか。

1　年次別法人企業統計調査（令和４年度。令和５年９月公表）によれば、令和４年度の不動産業の売上高は約46兆2,682億円で、対前年度比で4.8％減少し、２年ぶりの減少となった。

2　年次別法人企業統計調査（令和４年度。令和５年９月公表）によれば、令和４年度の不動産業の営業利益は約４兆6,592億円で、対前年度比で13.2％減少し、３年ぶりの減少となった。

3　建築着工統計調査報告（令和５年計。令和６年１月公表）によれば、令和５年の新設住宅着工は、持家は減少したが、貸家及び分譲住宅が増加したため、全体で増加となった。

4　令和６年地価公示（令和６年３月公表）によれば、令和５年１月以降の１年間の地価変動率を用途別にみると、全国平均では、全用途平均、住宅地、商業地のいずれも３年連続で上昇し、上昇率が拡大した。

【問　49】 宅地の性質に関する次の記述のうち、正しいものはどれか。

1　干拓地は一般に海抜数メートルの比高をもつ場合が多いので、工事がしっかりしていれば、洪水や地震に対する安全度が比較的高く、宅地として十分利用することができる。

2　台地、段丘、丘陵地の中でも、浅く広い谷は、地震に対する安全度が比較的高く、水害のおそれもなく、宅地に適する。

3　旧河道や池、沼を埋めたところは、洪水のときはその流路になりやすく宅地としては不適当である。

4　土石流の押し出しによりできた地形は、土石流が再度発生したときには危険であるが、ある程度時間が経っているなら宅地として十分利用することができる。

【問　50】 建築物に関する次の記述のうち、不適当なものはどれか。

1　木造建築物に用いる木材は、湿潤状態に比べて気乾状態の方が強度が大きくなる。

2　枠組壁工法は、床や壁の耐力によって地震などの外力に抵抗する方式であるため耐震性が高い。

3　木材の圧縮強度は、繊維に直角の方向に比べて、繊維方向のほうが大きい。

4　鉄は、炭素含有量が多いほど、引張強さ及び硬さが減少し、伸びが増大するため、鉄骨造には、一般に炭素含有量が多い鋼が用いられる。

令和６年度
宅地建物取引士資格試験

予想模擬試験[第１回]

解答・解説

【難易度】

★　　…　易しい（正答率が60％以上と予想される問題）
★★　…　標準　（正答率が40％以上60％未満と予想される問題）
★★★　…　難しい（正答率が40％未満と予想される問題）

【重要度】

A　…　必ず理解・記憶しておくべき内容を問う問題
B　…　このレベルまでは理解・記憶しておきたい内容を問う問題
C　…　余裕があれば、チャレンジしたい内容を問う問題

令和6年度　予想模擬試験［第1回］正解一覧表

【使い方】
1．問題ごとに、マークした解答を下記解答欄に書き込む。
2．正解と照らし合わせ、正誤欄に○× を付けていく。
3．正解一覧表の下にある点数表に自分の点数を科目ごとに書き込む。
4．点数が低い科目・分野については、解説を熟読する他、本シリーズのテキスト該当箇所を確認し、過去問題集及びオリジナル問題集の問題を解いて、解答力までチェックする。

科目	問題	難易度	重要度	項目	正解	解答	正誤
権利関係	1	★★	B	遺言（判決文）	4		
	2	★★	B	相隣関係	2		
	3	★★	A	時効制度	4		
	4	★★	A	債権譲渡	3		
	5	★★	B	相殺	3		
	6	★★	A	相続	4		
	7	★	B	各種契約	4		
	8	★	A	不動産物権変動	1		
	9	★★	A	抵当権	3		
	10	★★★	B	保証	1		
	11	★★	B	借地	2		
	12	★★	A	借家	1		
	13	★	A	区分所有法	4		
	14	★★★	B	不動産登記法	2		
法令上の制限	15	★★	A	都市計画の内容	1		
	16	★	A	開発許可	1		
	17	★★	A	建築確認	1		
	18	★	A	建築基準法総合	2		
	19	★★	A	農地法	2		
	20	★	A	盛土規制法	3		
	21	★★	B	土地区画整理法	1		
	22	★★	A	国土利用計画法	4		
税・価格	23	★★	A	固定資産税	3		
	24	★★	A	印紙税	2		
	25	★★	B	地価公示法	1		

科目	問題	難易度	重要度	項目	正解	解答	正誤
宅地建物取引業法	26	★★★	B	その他の業務規制	3		
	27	★	A	媒介契約規制	1		
	28	★★	A	登録の基準等	2		
	29	★★	A	クーリング・オフ	3		
	30	★	A	自ら売主規制総合	2		
	31	★★	A	営業保証金	2		
	32	★★★	A	免許の基準	4		
	33	★★	A	重要事項の説明	1		
	34	★★	A	自ら売主規制総合	1		
	35	★★	A	手付金等の保全措置	1		
	36	★	A	報酬	4		
	37	★	A	登録・宅地建物取引士証	4		
	38	★	A	37条書面	1		
	39	★	A	保証協会	2		
	40	★★★	A	三大書面	4		
	41	★	A	重要事項の説明	3		
	42	★	A	広告開始時期の制限等	2		
	43	★	B	監督処分	3		
	44	★	B	その他の業務規制	4		
	45	★	A	履行確保法	4		
免除科目	46	★★★	C	住宅金融支援機構	2		
	47	★★	A	景表法（表示規約）	3		
	48	★★	A	不動産に関する統計	4		
	49	★★	A	土地	2		
	50	★★★	B	建物	4		

科目	権利関係（1～14）	法令制限（15～22）	税・価格（23～25）	宅建業法（26～45）	免除科目（46～50）	合計
点数	/14	/8	/3	/20	/5	/50

【問1】 正解4

難易度	重要度
★★	B

1 **正しい。**特定の遺産を特定の相続人に「相続させる」旨の遺言があった場合、特段の事情がない限り、当該遺産を当該相続人をして単独で相続させる遺産分割の方法が指定されたものとされる（判例）。

2 **正しい。**特定の不動産を特定の相続人に「相続させる」旨の遺言があった場合、当該相続人の法定相続分を超える部分については、登記を備えなければ、第三者に対抗することができない（民法899条の2第1項）。

3 **正しい。**遺贈は、遺言者の死亡以前に受遺者が死亡したときは、その効力を生じない（民法994条1項）。

4 **誤り。**判決文によれば、遺言により遺産を相続させるものとされた推定相続人が遺言者の死亡以前に死亡した場合、「相続させる」旨の遺言は、遺言者が、推定相続人の代襲者その他の者に遺産を相続させる旨の意思を有していたとみるべき特段の事情のない限り、その効力を生ずることはないから、遺言者が、推定相続人の代襲者その他の者に遺産を相続させる旨の意思を有していたのであれば、その効力が生じることがある。

【問2】 正解2

難易度	重要度
★★	B

1 **正しい。**土地の所有者は、他人が所有する設備を使用しなければ電気、ガス又は水道水の供給等の継続的給付を受けることができないときは、継続的給付を受けるため必要な範囲内で、他人が所有する設備を使用することができる（民法213条の2第1項）。そして、他人が所有する設備を使用する者は、その利益を受ける割合に応じて、設備、改築、修繕及び維持に要する費用を負担しなければならない（同条7項）。

2 **誤り。**土地の所有者は、隣地の竹木の枝が境界線を越える場合、原則として、その竹木の所有者にその枝を切除させることができるにとどまる（民法233条1項）。もっとも、竹木の所有者が不明なとき、又は所在不明なときは、土地の所有者自らその枝を切り取ることはできる（同条3項2号）。

3 **正しい。**相隣者の一人は、共有の障壁の高さを、他の共有者の承諾なしに増すことができ（民法231条1項本文）、その高さを増した部分は、その工事をした者の単独の所有に属する（同条2項）。

4 **正しい。**土地の所有者は境界標の調査又は境界に関する測量の目的のため必要な範囲内で、隣地を使用することができる（民法209条1項本文、同項2号）。ただし、住家については、その居住者の承諾がなければ、立ち入ることはできない（同項ただし書）。

【問3】 正解4

難易度	重要度
★★	A

1 **誤り。**時効の更新事由の一つとして「承認」がある（民法152条1項）。承認とは、時効の利益を受けるべき者（債務者）が、時効によって権利を失うべき者に対して、その権利存在の認識を表示することであるが、これは、債務者が承認をする場合をいう。したがって、保証人Aが債権者Cに対し債務の承認をしても、主たる債務者Bが承認したわけではないので、主たる債務の消滅時効は更新しない。

2 **誤り。**債務者が債務を承認すれば消滅時効は更新する（民法152条1項）。そして、物上保証人が、この消滅時効の更新の効力を否定することは許されない（判例）。債務者の承認により被担保債権について生じた消滅時効の更新の効力を物上保証人が否定することは、担保の付従性に抵触するからである。

3 **誤り。**時効を援用できるのは当事者であるが、消滅時効にあっては、保証人、物上保証人、第三取得者その他権利の消滅について正当な利益を有する者も時効を援用することができる（民法145条）。被担保債権の消滅によって、抵当権の負担を免れる物上保証人は、被担保債権の消滅について正当の利益を有するのである。

4　正しい。消滅時効の客観的起算点は、権利を行使することができる時である（民法166条1項2号、2項）。売主の債務不履行を理由として買主が売買契約を有効に解除した場合、支払済代金の返還請求権は、契約の解除によってはじめて発生するので、その返還請求権の消滅時効の客観的起算点は、契約解除の時である（判例）。

【問4】 正解3

難易度	重要度
★★	A

1　誤り。当事者が債権の譲渡を禁止し、又は制限する旨の意思表示（以下「譲渡制限の意思表示」という。）をしたときであっても、債権の譲渡は、その効力を妨げられない（民法466条2項）。譲受人が、譲渡制限の意思表示につき悪意・善意有重過失であっても、譲受人は、債権を取得することができる。

2　誤り。譲渡制限の意思表示がされたことを知り、又は重大な過失によって知らなかった譲受人その他の第三者に対しては、債務者は、その債務の履行を拒むことができ、かつ、譲渡人に弁済等をしたときは、これをもって譲受人に対抗することができる（民法466条3項）。

3　正しい。譲渡制限の意思表示がなされた債権について、悪意・善意有重過失の譲受人は、債務者が債務を履行しないときは、債務者に対して、相当の期間を定めて譲渡人への履行を催告することができ、その期間内に履行がないときは、直接自己に履行するように請求することができる（民法466条4項）。

4　誤り。債務者は、対抗要件具備時までに譲渡人に対して生じた事由をもって譲受人に対抗することができる（民法468条1項）。

【問5】 正解3

難易度	重要度
★★	B

1　誤り。時効消滅した債権でも、その消滅以前に相殺適状にあれば、これを自働債権として相殺することができる（民法508条）。本肢では、Aの債権が時効消滅する前に、Bの債権と相殺適状になっていたのであるから、Aは、自らの債権が時効消滅した後であっても、Bに対して相殺をすることができる。

2　誤り。自働債権（BのAに対する債権）について弁済期が到来していれば、受働債権（AのBに対する債権）の弁済期が到来していなくても、相殺をすることができる（判例）。

3　正しい。悪意による不法行為に基づく損害賠償債務の債務者Aは、相殺をもって債権者Bに対抗することができない（民法509条1号）。つまり、加害者Aから相殺を主張することはできない。他方、被害者Bから相殺を主張することは許される（判例）。

4　誤り。差押えを受けた債権の第三債務者（A）は、差押え後に取得した債権による相殺をもって差押債権者に対抗することはできないが、差押え前に取得した債権による相殺をもって対抗することができる（民法511条1項）。Aは、受働債権の差押え前に自働債権を取得しているので、Bに対する債権を自働債権とする相殺をもってCに対抗することができる。

【問6】 正解4

難易度	重要度
★★	A

1　誤り。遺言は、法律の定める方式に従わなければその効力を生じない（民法960条）。自筆証書遺言については、その全文、日付及び氏名を自書し、これに印を押さなければならないが（民法968条1項）、これと一体のものとして添付した相続財産の「目録」については、各頁に署名押印があれば、自書以外の方法で作成することができる（民法968条2項）。したがって、Bの作成した自筆証書遺言は、その効力を生じるため、法定相続は生じない。

2　誤り。被相続人Aには配偶者も第1順位の血族相続人である子もいないため、相続人は、第2順位の血族相続人である直系尊属である。そして、親等の異なる者の間では、その近い者を先にするのであるから、祖母Jは相続できない（民法889条1項1号ただし書）。したがって、Aが死亡した場合の相続人は、直系尊属であるBのみとなり、Jは相続人とならない。

3　誤り。配偶者も子も直系尊属もいないＡの相続人は、兄弟姉妹であるＤとＩである（889条１項２号）。そして、父母の一方のみを同じくする兄弟姉妹の相続分は、父母の双方を同じくする兄弟姉妹の相続分の２分の１となるのであるから（民法900条４号ただし書）、Ａが死亡した場合の法定相続分は、Ｄが３分の２、Ｉが３分の１となる。

4　正しい。代襲相続の原因は、①被相続人の子の相続開始以前の死亡、②相続欠格、③相続廃除の３つである（民法887条２項本文）。この点、故意に被相続人又は相続について先順位若しくは同順位にある者を死亡するに至らせ、又は至らせようとしたために、刑に処せられた者は、②の相続欠格事由に該当する（民法891条１号）。そのため、Ｄの子ＦとＧは、Ｂを殺害して刑に処せられたＤを代襲して相続人となる。したがって、Ｂが死亡した場合の法定相続分は、現在の配偶者であるＨが２分の１、子であるＡとＩが６分の１ずつ、子Ｄの代襲相続人であるＦとＧがそれぞれ12分の１ずつとなる（民法900条１・４号、901条１項）。

【問７】　正解４

難易度	重要度
★	B

1　誤り。贈与は、当事者の一方がある財産を無償で相手方に与える意思を表示し、相手方が受諾をすることによって、その効力を生ずる。（民法549条）。このように贈与契約は、当事者間の意思表示の合致があれば、成立する（諾成契約、民法549条）。したがって、Ａが自己の所有する建物を無償でＢに与える意思表示をし、Ｂがこれを受諾すれば、当該建物の引渡しを受けていなくても、ＡＢ間の契約は効力を生じる。

2　誤り。使用貸借は、当事者の一方がある物を引き渡すことを約し、相手方がその受け取った物について無償で使用及び収益をして契約が終了したときに返還をすることを約することによって、その効力を生ずる（諾成契約、民法593条）。

3　誤り。請負契約は、報酬の支払を要素とする有償契約である（民法632条）。無償で仕事を完成することについて、当事者が合意をしても、請負契約は、その効力を生じない。

4　正しい。受任者は、特約がなければ、委任者に対して報酬を請求することはできない（民法648条１項）。つまり、委任契約は、原則として、無償の片務契約である。

【問８】　正解１

難易度	重要度
★	A

1　正しい。不法占有者は、民法177条の「第三者」にあたらない（判例）。したがって、不動産の買主は、登記がなくても、当該不動産を正当な権限なく不法に占有している者に対して、所有権に基づき明渡しを請求できる。

2　誤り。契約が解除されると原状回復義務が生じるが、第三者の権利を害することはできない（民法545条１項）。本肢では、解除前に第三者へ売却しているので、民法545条１項が適用され、同条の第三者が保護されるためには登記を要する（判例）。本肢において、第三者は所有権移転登記を受けているため、売主は所有権を対抗することができない。

3　誤り。何人も自己の有する以上の権利を他人に譲り渡すことはできないため、無権利者からの譲受人もまた無権利者である。よって、不実の登記を信じて不動産を譲り受け、その登記を備えたとしても、真の所有者に不実の登記について何ら責められるべき事情が認められない以上は、真の権利者にその所有権を対抗することができない。

4　誤り。時効による不動産所有権の取得は、その旨の登記をしなければ、「時効完成後」に当該不動産につき旧所有者から所有権を取得し登記を備えた第三者に対抗できない（民法177条、判例）。

【問９】　正解３

難易度	重要度
★★	A

1　誤り。抵当権は、抵当不動産の抵当権者への占有移転を伴わない担保物権であり（民法369条１項）、抵当権設定者は、抵当不動産である当該土地を通常の用法に従って自由に使用収益

することができる。土地上に建物を建築することは通常の用法に従った土地の使用であるから、抵当権侵害には該当せず、抵当権者は、建物の収去を請求することはできない。

2 誤り。抵当権設定当時、土地の上に建物が存在し、両方の所有者が同一であれば、建物が未登記であっても、法定地上権が成立する（判例）。

3 正しい。抵当目的物の担保価値が十分であれば、抵当権者に損害が発生しているとはいえないから、抵当権者はその賠償を請求することはできない（判例、民法709条）。

4 誤り。抵当権者に対抗することができない賃貸借により抵当権の目的である「建物」の使用又は収益をする者で、競売手続の開始前から使用又は収益をする者は、その「建物」の競売における買受人の買受けの時から6か月を経過するまでは、その「建物」を買受人に引き渡すことを要しない（民法395条1項）。しかし、土地の賃貸借に引渡しの猶予の制度はない。

【問10】 正解1

難易度	重要度
★★★	B

1 正しい。主たる債務者は、事業のために負担する債務を主たる債務とする保証又は主たる債務の範囲に事業のために負担する債務が含まれる根保証の委託をするときは、委託を受ける個人に対し、①財産及び収支の状況、②主たる債務以外に負担している債務の有無並びにその額及び履行状況、③主たる債務の担保として他に提供し、又は提供しようとするものがあるときは、その旨及びその内容に関する情報を提供しなければならない（民法465条の10第1・3項）。そして、主たる債務者がこれらの事項に関して情報を提供せず、又は事実と異なる情報を提供したために委託を受けた者がその事項について誤認をし、それによって保証契約の申込み又はその承諾の意思表示をした場合において、主たる債務者がその事項に関して情報を提供せず又は事実と異なる情報を提供したことを債権者が知り又は知ることができたときは、保証人は、保証契約を取り消すことができる（同条2項）。

2 誤り。保証人が主たる債務者の委託を受けて保証をした場合において、保証人の「請求があったとき」は、債権者は、保証人に対し、遅滞なく、主たる債務の元本及び主たる債務に関する利息、違約金、損害賠償その他その債務に従たる全てのものについての不履行の有無並びにこれらの残額及びそのうち弁済期が到来しているものの額に関する情報を提供しなければならない（民法458条の2）。したがって、本肢のように、保証人の請求がない場合には、この情報を提供する必要はない。なお、本規定は保証人が個人か法人かを問わず適用がある。

3 誤り。主たる債務者が期限の利益を有する場合において、その利益を喪失したときは、債権者は、「個人」の保証人に対し、その利益の喪失を知った時から2か月以内に、その旨を通知しなければならない（民法458条の3第1・3項）。なお、本規定は委託を受けて保証人となったか否かを問わず適用がある。

4 誤り。肢3の期間内に保証人に通知をしなかったときは、債権者は、保証人に対し、主たる債務者が期限の利益を喪失した時から当該通知を現にするまでに生じた遅延損害金（期限の利益を喪失しなかったとしても生ずべきものを除く。）に係る保証債務の履行を請求することができない（民法458条の3第2項）。つまり、Cは、当該遅延損害金の履行を拒めるだけであって、保証債務の履行を全て拒むことができるわけではない。

【問11】 正解2

難易度	重要度
★★	B

1 誤り。借地権の当初の存続期間中に借地上の建物の滅失があった場合でも、借地権者はその事実を理由に地上権の放棄又は土地の賃貸借の解約の申入れをすることはできない（借地借家法8条1項参照）。

2 正しい。借地権の存続期間が満了する前に建物が滅失し、借地権者が借地権設定者の承諾を得て、残存期間を超えて存続すべき建物を築造したときは、原則として、借地権は、承諾があった日又は建物が築造された日のいずれか早い日から20年間存続する。（借地借家法7条1項）。

3　誤り。借地権の当初の存続期間中に借地上の建物の滅失があった場合で、借地権者が借地権設定者の承諾を得ないで残存期間を超えて存続すべき建物を築造したときでも、借地権設定者はその事実を理由に地上権の消滅の請求又は土地の賃貸借の解約の申入れをすることはできない（借地借家法8条2項参照）。この場合には、存続期間はそのままであり、当初の存続期間満了後更新されるか否かの問題となる。

4　誤り。借地権の存続期間が満了し、契約更新がない場合、借地権者は建物買取請求権を行使することができる（借地借家法13条1項）。これは、本肢のように、借地権者が借地権設定者の承諾を得ないで残存期間を超えて存続する建物を築造した場合も同様である。なお、この場合、裁判所は、借地権設定者の請求により、代金の全部又は一部の支払いにつき期限を許与することができる（同条2項）。

【問12】 正解1

難易度	重要度
★★	A

1　正しい。契約期間を定めた借家契約の場合には、期間満了の1年前から6か月前までの間に、更新拒絶の通知をしておかないと、自動的に契約は更新される（借地借家法26条1項本文）。本肢Aの通知は、令和6年1月1日であり、時期遅れである。

2　誤り。適法な更新拒絶の通知をしておいても、期間満了後、賃貸人が賃借人の建物の使用を黙認していると、借家契約は自動的に更新される（借地借家法26条2項）。

3　誤り。法定更新後の契約期間は、期間の定めのないものとなる（借地借家法26条1項ただし書）。「従前の契約と同一の条件」とは、主に借賃等を指し、期間は含まない。

4　誤り。賃貸人Aが、転借人Cに対し、AB間の契約終了の通知をした日から6か月経過後に、BC間の転貸借契約は終了する（借地借家法34条2項）。実際に使用しているのは転借人であるから、転借人に、引越しまでの猶予期間を与えるため通知が要求されるのである。

【問13】 正解4

難易度	重要度
★	A

1　誤り。建替え決議における議決要件である定数（各5分の4以上）を、規約で、緩和（各4分の3以上など）することも加重することも許されない（建物の区分所有等に関する法律62条）。

2　誤り。いわゆる小規模滅失（建物の価格の2分の1以下の部分が滅失）の場合は、法定の手続とは異なった手続を規約で定めることができる（建物の区分所有等に関する法律61条4項）。

3　誤り。いわゆる大規模滅失（建物の価格の2分の1を超える部分が滅失）の場合、法定の議決要件（区分所有者及び議決権の各4分の3以上の多数）を規約で緩和することはできない（建物の区分所有等に関する法律61条5・4項）。

4　正しい。共同の利益に反する行為をした区分所有者の区分所有権及び敷地利用権の競売の請求は、区分所有者及び議決権の各4分の3以上の多数による集会決議によらなければならない（建物の区分所有等に関する法律59条2項、58条2項）。

【問14】 正解2

難易度	重要度
★★★	B

1　正しい。何人も、登記官に対し、手数料を納付して、登記記録に記録されている事項の全部又は登記記録に記録されている事項のうち現に効力を有するものを証明した書面の交付を請求することができる（不動産登記法119条1項、不動産登記規則196条1項）。そして、法務省令で定める場合を除き、請求に係る不動産の所在地を管轄する登記所以外の登記所の登記官に対してもすることができる（不動産登記法119条5項）。なお、この「法務省令で定める場合」として規定された不動産登記規則195条は削除されている。

2　誤り。何人も、登記官に対し、手数料を納付して、登記記録に記録されている事項の全部又は一部を証明した「書面」（登記事項証明書）の交付を請求することができる（不動産登記法119条1項）。よって、電磁的記録をもって作成された登記事項証明書の交付は請求できない。

3　正しい。送付の方法による登記事項証明書の交付の請求は、請求情報を記載した書面をもってするほか、請求情報を電子情報処理組織を使用して登記所に提供する方法によりすることもできる（不動産登記規則194条1・3項）。

4　正しい。登記事項証明書の交付を請求するときは、請求人の氏名等の情報を提供する必要はあるが、正当な理由があるかどうかまでは明らかにする必要はない（不動産登記規則193条1項）。

【問15】　正解1

難易度	重要度
★★	A

1　正しい。「都市計画区域」について無秩序な市街化を防止し、計画的な市街化を図るため必要があるときは、原則として、都市計画に市街化区域と市街化調整区域との区分を定めることができる（都市計画法7条1項）。準都市計画区域において、区域区分を定めることはできない。

2　誤り。特定用途制限地域は、「用途地域が定められていない土地の区域（市街化調整区域を除く。）」において、その良好な環境の形成又は保持のため該当地域の特性に応じて、合理的な土地利用が行われるよう、制限すべき特定の建築物等の用途の概要を定める地域である（都市計画法9条15号、8条3項2号ニ）。用途地域内に定めることはできない。

3　誤り。高層住居誘導地区は、第一種住居地域、第二種住居地域、準住居地域、近隣商業地域又は準工業地域において定められる（都市計画法9条17号）。第二種中高層住居専用地域に定めることはできない。

4　誤り。本肢は、「高度地区」に関する記述である（都市計画法9条18項）。高度利用地区とは、用途地域内の市街地における土地の合理的かつ健全な高度利用と都市機能の更新とを図るため、建築物の容積率の最高限度及び最低限度、建築物の建蔽率の最高限度、建築物の建築面積の最低限度並びに壁面の位置の制限を定める地区である（都市計画法9条19項）。高度利用地区では、建築物の高さに関する制限はない。

【問16】　正解1

難易度	重要度
★	A

1　誤り。野球場は、その規模が1ha以上の場合は、第二種特定工作物に該当し、原則として開発許可を必要とする（都市計画法4条12・11項、同施行令1条2項1号、都市計画法29条1項、同施行令19条1項）。

2　正しい。「開発行為」とは、主として建築物の建築又は特定工作物の建設の用に供する目的で行う土地の区画形質の変更をいう（都市計画法4条12項）。土地の区画形質の変更を行わない本肢の行為は、「開発行為」に該当しないので、開発許可は不要である（都市計画法29条1項）。

3　正しい。市街化調整区域内において行う開発行為で、農業、林業又は漁業を営む者の居住の用に供する建築物の建築の用に供する目的で行うものについては、開発許可は不要とされている（都市計画法29条1項2号）。

4　正しい。土地区画整理事業の施行として行う開発行為については、開発許可は不要とされている（都市計画法29条1項5号）。

【問17】　正解1

難易度	重要度
★★	A

1　正しい。用途に供する部分の床面積の合計が200㎡を超える共同住宅は、建築につき確認を要する1号建築物にあたる（建築基準法6条1項1号、同別表第一）。この1号建築物への用途変更（類似用途への変更を除く。）については、全国どこで行う場合でも、建築確認が必要である（建築基準法6条1項柱書、87条1項、同施行令137条の18）。

2　誤り。木造で3階以上又は延べ面積500㎡超、高さ13m超若しくは軒高9m超の建築物は、全国どこで増改築移転をする場合でも、原則として建築確認が必要である（建築基準法6条1項2号）。しかし、防火・準防火地域外においいて10㎡以内の増改築移転を行う場合には、建築確認を要しないとする例外がある（建築基準法6条2項）。よって、本肢建築物の改築について、必ず建築確認を要するわけではない。

3　誤り。建築主事は、特殊建築物又は大規模建築物に係る建築確認申請書を受理した場合、受理した日から35日以内に、当該申請に係る建築物の計画の建築基準関係規定適合性を審査し、適合することを確認したときは、申請者に確認済証を交付しなければならない（建築基準法6条4項）。

4　誤り。文化財保護の見地から、文化財保護法の規定によって国宝・重要文化財等として指定された建築物等については、建築基準法の規定は適用されない（建築基準法3条1項1号）。よって、本肢のような重要文化財として指定された建築物について、大規模な修繕をする場合、建築確認を受ける必要はない。

【問18】　正解2

難易度	重要度
★	A

1　正しい。第一種低層住居専用地域、第二種低層住居専用地域又は田園住居地域内においては、建築物の高さは、一定の場合を除き、10m又は12mのうち当該地域に関する都市計画において定められた建築物の高さの限度を超えてはならない（建築基準法55条1項）。

2　誤り。建蔽率の限度が10分の8とされている地域内で、かつ、防火地域内にある耐火建築物については、建蔽率の制限は適用されないが、建蔽率の限度が10分の8とされている地域外では、都市計画で定めた建蔽率に10分の1を加えた数値が建蔽率の限度となる（建築基準法53条6項1号、同3項）。したがって、本肢の場合には、10分の7が建蔽率の限度となる。

3　正しい。住宅又は老人ホーム等に設ける機械室等の部分（給湯設備等を設置するためのもので一定の基準に適合するものに限る。）で、特定行政庁が交通上、安全上、防火上及び衛生上支障がないと認めるものの床面積は、建築物の容積率の算定の基礎となる延べ面積に算入しないものとされている（建築基準法52条6項）。

4　正しい。店舗の用途に供する建築物で当該用途に供する部分の床面積の合計が10,000㎡を超えるものは、原則として、近隣商業地域、商業地域、準工業地域においてのみ建築することができる（建築基準法48条、同別表第二）。第二種住居地域で建築できるのは、店舗の用途に供する建築物で当該用途に供する部分の床面積の合計が10,000㎡以内のものである。

【問19】　正解2

難易度	重要度
★★	A

1　誤り。農地を相続により取得する場合は、農地法3条1項の許可を受ける必要がない（農地法3条1項）。しかし、相続、遺産分割等によって、権利を取得した場合、遅滞なく、農地・採草放牧地のある市町村の農業委員会にその旨の届出をしなければならない（農地法3条の3）。

2　正しい。国又は都道府県が農地又は採草放牧地の所有権を取得する場合には、農地法3条1項の許可を受ける必要はない。農地法4条・5条の場合との違いに注意。

3　誤り。たとえ一時使用目的の貸借であっても、これにつき農地法5条1項の許可を不要とする例外はない（農地法5条1項）。よって、本肢では転用目的での権利移動がなされている以上、原則どおり農地法5条1項の許可が必要である。

4　誤り。市街化区域外において、農地について権利を取得するには、都道府県知事等の許可を受けなければならないが、市街化区域内にある農地につき農業委員会に届け出て権利を取得する場合であれば、この限りでない（農地法5条1項7号）。都道府県知事への届出ではない。

【問20】　正解3

難易度	重要度
★	A

1　許可必要。宅地以外の土地を宅地にするために行う高さ2mを超える切土は許可が必要な宅地造成に該当する（宅地造成及び特定盛土等規制法2条2号、同施行令3条2号）。

2　許可必要。宅地以外の土地を宅地にするために行う面積500㎡を超える盛土は、高さ1mを超える崖が生じなくても許可が必要な宅地造成に該当する（宅地造成及び特定盛土等規制法2条2号、同施行令3条5号）。

3　許可不要。宅地又は農地等において行う切土で2mを超える場合、又はその面積が500㎡を超える場合には許可が必要な特定盛土等に該当するが、本肢はそれに該当せず許可は不要である（宅地造成及び特定盛土等規制法2条3号、同施行令3条2号・5号）。

4　許可必要。宅地又は農地等において行う土石の堆積（一定期間の経過後に当該土石を除却するものに限る）で最大時の高さが2mを超えるものは、許可が必要な土石の堆積に該当する（宅地造成及び特定盛土等規制法2条4号、同施行令4条1号）。

【問21】 正解1

難易度	重要度
★★	B

1　正しい。仮換地が指定されても、従前の宅地の所有者は、従前の宅地の処分権を失うものではない（土地区画整理法99条1項参照）。よって、換地処分の公告前であれば、従前の宅地を売買し、従前の宅地について所有権移転登記を行うことができる。

2　誤り。組合が施行する土地区画整理事業に係る施行地区内の宅地について所有権又は借地権を有する者は、すべてその組合の組合員となる（土地区画整理法25条1項）。

3　誤り。土地区画整理事業の施行地区内においては、土地区画整理法第76条の規定により、一定の建築行為等について、国土交通大臣又は都道府県知事等の許可を必要とする規制がなされる。この場合、法改正により、市の区域内においては、個人施行者、組合若しくは区画整理会社が施行し、又は市が第3条第4項の規定により施行する土地区画整理事業においては、当該市の長が許可権限者となった。

4　誤り。組合又は区画整理会社が施行者の場合、事業計画について、施行地区となるべき区域内の宅地の所有者及び借地権者のそれぞれ2/3以上の同意を得なければならない（土地区画整理法18条、51条の6）。全員の同意を要するのは、個人施行の場合である。

【問22】 正解4

難易度	重要度
★★	A

1　誤り。当事者の一方又は双方が国、地方公共団体等である場合には、事後届出を行う必要はない（国土利用計画法23条2項3号、18条かっこ書）。

2　誤り。事後届出が必要な場合における届出義務者は、当事者のうち当該土地売買等の契約により土地に関する権利の移転又は設定を受けることとなる者すなわち「権利取得者」である（国土利用計画法23条1項）。この場合において、権利取得者が所定の事後届出を行わなかったときは、6月以下の懲役又は100万円以下の罰金に処せられる（国土利用計画法47条1号）。本肢においては、Bのみが届出義務者かつ罰則の適用対象者となるのであって、Cは届出義務を負わず、かつ罰則の適用を受けない。

3　誤り。都道府県知事は、勧告をした場合において、その勧告を受けた者がその勧告に従わないときは、その旨及びその勧告の内容を公表することができるのであり（国土利用計画法26条）、あっせんの措置を講じなければ、公表できないとする旨の規定はない。なお都道府県知事は、勧告に基づき当該土地の利用目的が変更された場合において、必要があると認めるときは、当該土地に関する権利の処分についてのあっせんその他の措置を講ずるよう努めなければならないとされている（国土利用計画法27条）。

4　正しい。都道府県知事は、勧告をした場合において、必要があると認めるときは、その勧告を受けた者に対し、その勧告に基づいて講じた措置について報告をさせることができる（国土利用計画法25条）。

【問23】 正解3

難易度	重要度
★★	A

1　誤り。小規模住宅用地に係る固定資産税の課税標準の特例は、空家等対策の推進に関する特別

措置法14条2項の規定により所有者等に対し勧告がされた同法2条2項に規定する特定空家等の敷地の用に供されている土地については、適用が除外される(地方税法349条の3の2)。

2 **誤り。**原則として、毎年1月1日(賦課期日)現在において、固定資産課税台帳にその土地、建物、償却資産の所有者として、登記・登録されている者(現実の所有者とは限らない。)に、当該年度の税額全部を課税する(地方税法343条1項、359条)。よって、本肢における固定資産税の納税義務者は、買主ではなく、売主である。

3 **正しい。**固定資産の所有者の所在が震災、風水害、火災等によって不明である場合には、その使用者を所有者とみなして固定資産課税台帳に登録し、その者に固定資産税を課することができる。

4 **誤り。**市町村は、同一の者について当該市町村の区域内におけるその者の所有に係る家屋に対して課する固定資産税の課税標準となるべき額が、財政上その他特別の必要がある場合を除いて、20万円に満たない場合においては、固定資産税を課することができない(地方税法351条)。かかる免税点に該当するか否かは、一個の家屋ごとではなく、同一人が当該市町村内の区域内に所有する家屋に対して行うものである。

【問24】 正解2

難易度	重要度
★★	A

1 **正しい。**媒介業者Cが保存する土地の売買契約書も、土地の売買契約の成立を証すべき文書にほかならず、不動産の譲渡に関する契約書に該当し、印紙税が課される(印紙税法2条、同別表第一課税物件表第一号1、課税物件表の適用に関する通則5、印紙税法基本通達12条、13条)。なお、契約当事者以外の者(監督官庁、融資銀行等当該契約に直接関与しない者をいう。)に提出又は交付する文書であって、当該文書に提出若しくは交付先が記載されているもの又は文書の記載文言からみて当該契約当事者以外の者に提出若しくは交付することが明らかなものについては、課税文書に該当しないが、不動産売買契約における仲介人(媒介業者C)は、当該契約に参加する者であり、ここにいう契約当事者以外の者には含まれない(印紙税法基本通達20条)。

2 **誤り。**一の契約書に不動産の譲渡契約と請負契約とがそれぞれ区分して記載されている場合において、不動産の譲渡契約金額が請負契約金額に満たないときは、請負に関する契約書として印紙税が課される(印紙税法別表第一課税物件表の適用に関する通則3ロただし書)。

3 **正しい。**消費税の課税事業者が消費税及び地方消費税(消費税額等)の課税対象取引に当たって請負に関する契約書を作成する場合、消費税額等が区分記載されているときは、その消費税額等は印紙税の記載金額に含めない(個別通達「消費税法の改正等に伴う印紙税の取扱いについて 1契約書等の記載金額」)。

4 **正しい。**課税文書の作成者は、当該課税文書に印紙をはり付ける場合には、当該課税文書と印紙の彩紋とにかけ、判明に印紙を消さなければならない(印紙税法8条2項)。このとき、印紙を消す方法として、自己又はその代理人(法人の代表者を含む。)、使用人その他の従業者の印章又は署名で消さなければならない(印紙税法施行令5条)。

【問25】 正解1

難易度	重要度
★★	B

1 **正しい。**不動産鑑定士は、標準地の鑑定評価を行うにあたっては、国土交通省令で定めるところにより、近傍類地の取引価格から算定される推定の価格(比準価格)、近傍類地の地代等から算定される推定の価格(収益価格)及び同等の効用を有する土地の造成に要する推定の費用の額(積算価格)を勘案してこれを行わなければならない(地価公示法4条)。

2 **誤り。**地価公示の標準地は、土地鑑定委員会が、国土交通省令で定めるところにより、自然的及び社会的条件からみて類似の利用価値を有すると認められる地域において、土地の利用状況、環境等が「通常」と認められる一団の土地について選定するものとする（地価公示法３条）。「最も優れている」ではない。

3　誤り。土地鑑定委員会は、公示区域内の標準地について、毎年１回、「２人」以上の不動産鑑定士の鑑定評価を求め、その結果を審査し、必要な調整を行って、一定の基準日における当該標準地の単位面積当たりの正常な価格を判定し、これを公示する（地価公示法２条１項）。「１人以上」ではない。

4　誤り。土地収用法その他の法律によって土地を収用することができる事業を行う者は、公示区域内の土地を当該事業の用に供するため取得する場合において、当該土地の取得価格を定めるときは、公示価格を「規準としなければならない」（地価公示法９条）。「指標とするよう努めなければならない」のではない。

【問 26】 正解３

難易度	重要度
★★★	B

1　誤り。宅地建物取引業者は、「正当な事由」ある場合でなければ、その業務上取り扱ったことについて知り得た秘密を他に漏らしてはならない（宅地建物取引業法 45 条）。地価公示法２条に規定する標準地の価格の判定のための資料として、そのための鑑定評価を担当する不動産鑑定士又は不動産鑑定士補に不動産取引事例を提供する場合は、「正当な理由」に該当するため業務上取り扱ったことについて知り得た秘密を提供することは可能である（宅地建物取引業法の解釈・運用の考え方 45 条関係（４））。

2　誤り。宅地建物取引業者は、宅地建物取引業に係る契約の締結の勧誘をするに際し、相手方等に対し、当該勧誘に「先立って」当該契約の締結について勧誘をする目的である旨を告げずに、勧誘を行ってはならない（宅地建物取引業法 47 条の２第３項、同施行規則 16 条の 11 第１号ハ）。

3　正しい。仮設テント張りの案内所は、そこで申込み等をした場合、クーリング・オフが可能な場所である（宅地建物取引業法 37 条の２第１項、同施行規則 16 条の５第１号ロ）。したがって、クーリング・オフ制度の適用がある旨等所定の事項を表示した標識を掲げなければならない（宅地建物取引業法施行規則 19 条１項３号、同２項３号、様式 10 号の２）。

4　誤り。宅地建物取引業者（個人に限り、未成年者は除く。）が宅地建物取引業の業務に関し行った行為は、行為能力の制限を理由に取り消すことができない（宅地建物取引業法 47 条の３）。

【問 27】 正解１

難易度	重要度
★	A

ア　誤り。専任媒介契約に基づき所定の事項を指定流通機構に登録した宅地建物取引業者は、指定流通機構から発行を受けた登録を証する書面を遅滞なく依頼者に引き渡さなければならない（宅地建物取引業法 34 条の２第６項、50 条の６）。登録を証する書面の作成発行は、指定流通機構がするのであって、宅地建物取引業者がするのではない。

イ　正しい。宅地建物取引業者は、専任媒介契約を締結したときは、契約の相手方を探索するため、一定の期間内に、所定の事項を指定流通機構に登録しなければならない（宅地建物取引業法 34 条の２第５項）。これに対して、一般媒介契約を締結したときには、任意に登録することはできるが、登録義務はない。

ウ　正しい。専任媒介契約を締結した宅地建物取引業者は、指定流通機構の登録に係る宅地の売買の契約が成立したときは、遅滞なく、その旨を当該登録に係る指定流通機構に通知しなければならない（宅地建物取引業法 34 条の２第７項）。

エ　正しい。宅地建物取引業者は、専任媒介契約を締結したときは、契約の相手方を探索するため、一定の期間内に、所定の事項を指定流通機構に登録しなければならない（宅地建物取引業法 34 条の２第５項）。たとえ依頼者から申出があったとしても、登録しない旨の特約をすることはできない（宅地建物取引業法 34 条の２第９項）。

以上から、誤っているものはアの一つであり、正解は肢1となる。

【問 28】 正解2

難易度	重要度
★★	A

1 正しい。宅地建物取引士としてすべき事務の禁止の処分を受け、その禁止の期間中に本人からの申請により登録が消除され、まだその期間が満了しない者は、新たな登録を受けることができない（宅地建物取引業法 18 条 1 項 11 号）。

2 誤り。未成年者であっても、法定代理人から宅地建物取引業の営業に関し許可を受けた場合には、登録を受けることができる（宅地建物取引業法 18 条 1 項 1 号）。また、個人業者が宅地建物取引士であるとき、又は、法人業者の役員が宅地建物取引士であるときは、その者は、自ら主として業務に従事する事務所等における成年者である専任の宅地建物取引士とみなされる（宅地建物取引業法 31 条の 3 第 2 項）。しかし、Bは、単に常勤の従業員として勤務するにすぎないので、この規定には該当せず、成年者である専任の宅地建物取引士とはみなされない。

3 正しい。宅地建物取引士が、「不正登録」「不正手段による宅地建物取引士証の取得」「指示処分・事務禁止処分事由に該当し、情状が特に重い」「事務禁止処分違反」を理由に登録消除処分を受け、処分の日から 5 年を経過しない場合には、登録を受けられない（宅地建物取引業法 18 条 1 項 9 号）。

4 正しい。登録を受けている者が登録欠格事由に該当したときには、その日から 30 日以内に、登録を受けている都道府県知事に届け出なければならない（宅地建物取引業法 21 条）。背任罪により罰金刑に処せられた場合には、登録欠格事由に該当し（宅地建物取引業法 18 条 1 項 7 号）、本人が届け出なければならない。

【問 29】 正解3

難易度	重要度
★★	A

1 誤り。クーリング・オフは、宅地建物取引業者が自ら売主となる売買契約について適用がある（宅地建物取引業法 37 条の 2 第 1 項）。売主Aが宅地建物取引業者でないときは、たとえ宅地建物取引業者を代理人として締結した売買契約であっても、クーリング・オフの適用はない。よって、Bは、Aとの売買契約の解除をすることができない。

2 誤り。事務所等において買受けの申込みをし、締結した売買契約は、クーリング・オフの適用がなく、これを理由に解除をすることはできない（宅地建物取引業法 37 条の 2 第 1 項）。当該宅地建物取引業者が一団の宅地建物の分譲の代理又は媒介の依頼をし、かつ、依頼を受けた宅地建物取引業者がその代理又は媒介を案内所を設置して行う場合にあっては、その案内所は、土地に定着する建物内に設けられたもので、成年者である専任の宅地建物取引士の設置義務があるものであれば、事務所等に該当する（宅地建物取引業法施行規則 16 条の 5 第 1 号ニ）。よって、本肢宅地建物取引業者Dが設置した案内所は事務所等にあたり、Bは、Aとの売買契約の解除をすることはできない。

3 正しい。買主が、宅地又は建物の引渡しを受け、かつ、その代金の全部を支払ったときは、当該売買契約の解除をすることができなくなる（宅地建物取引業法 37 条の 2 第 1 項 2 号）。よって、Aから宅地建物取引業法第 37 条の 2 に規定する内容について告げられていない場合であっても、Bが宅地の引渡しを受け、かつ、その代金の全部を支払うことで、Aとの売買契約の解除をすることができなくなる場合があることになる。

4 誤り。クーリング・オフによる売買契約の解除は、書面により行う（宅地建物取引業法 37 条の 2 第 1 項）。しかし、この書面に方式はない。よって、Bが書面によりAとの売買契約の解除の意思表示をすれば、それが一定の方式に基づいていないときでも、当該解除の効果は発生する。

【問 30】 正解2

難易度	重要度
★	A

1 誤り。宅地建物取引業者が自ら売主となる建物

の売買契約において、当事者の債務の不履行を理由とする契約の解除に伴う損害賠償の額を予定し、又は違約金を定めるときは、これらを合算した額が代金の額の「2/10」を超えることとなる定めをしてはならない（宅地建物取引業法38条1項）。

2 **正しい。**宅地建物取引業者が、自ら売主となる建物の売買契約の締結に際して手付を受領したときは、その手付は解約手付とされ、相手方が契約の履行に着手するまでは、自ら履行に着手した後であっても、買主はその手付を放棄して、売主である宅地建物取引業者はその倍額を償還して、契約の解除をすることができる（宅地建物取引業法39条2項、判例）。よって、本肢において、買主Bは中間金を支払うことにより、契約の履行に着手しているため、売主であるA社は、手付による契約の解除はできないが、買主Bは、売主A社が契約の履行に着手していないときであれば、手付による契約の解除をすることができる。

3 **誤り。**宅地建物取引業者は、自ら売主となる宅地又は建物の売買契約において、その目的物が種類又は品質に関して契約の内容に適合しない場合におけるその不適合を担保すべき責任に関し、民法566条に規定する期間についてその目的物の引渡しの日から2年以上となる特約をする場合を除き、同条に規定するものより買主に不利となる特約をしてはならない（宅地建物取引業法40条1項）。本肢特約は、民法に規定する契約不適合責任の通知期間よりも買主に有利となるものであり、これを定めることができる。

4 **誤り。**宅地建物取引業者は、自ら売主として工事完了後の建物の売買をする場合においては、原則として、所定の保全措置を講じた後でなければ、代金の額の1/10を超える手付金等を買主から受領してはならない（宅地建物取引業法41条の2第1項）。本肢において、A社が受領しようとしている手付金は代金の額の2/10であり、1/10を超えているため、保全措置を講じた後でなければ、当該手付金を受領することができない。なお、手付金の額については、代金の額の2/10以内であるため、これを受領すること自体は適法である（宅地建物取引業法39条1項）。

【問31】 正解2

難易度	重要度
★★	A

1 **誤り。**増設した事務所での業務開始は、営業保証金の供託をしたうえで、さらにその旨の届出を免許権者に行ってからである（宅地建物取引業法26条、25条5項）。

2 **正しい。**宅地建物取引業者と宅地建物取引業に関し取引をした者（宅地建物取引業者に該当する者を除く。）は、その取引により生じた債権に関し、宅地建物取引業者が供託した営業保証金について、その債権の弁済を受ける権利を有する（宅地建物取引業法27条1項）。よって、宅地建物取引業者が買主の場合、弁済を受ける権利を有しない。

3 **誤り。**宅地建物取引業者は、営業保証金を主たる事務所の最寄りの供託所に供託しなければならない（宅地建物取引業法25条1項、2項）。このことは、国土交通大臣の免許を受けている宅地建物取引業者であっても、同様である。なお、法務大臣及び国土交通大臣が定める供託所に供託しなければならないのは、保証協会が、弁済業務保証金の供託をする場合である。

4 **誤り。**営業保証金のすべてを金銭のみで供託している場合は、従前の供託所に対し、移転後の主たる事務所の最寄りの供託所への「保管替え」を請求しなければならないが、一部でも地方債証券などの有価証券により供託している場合には、金銭で供託している部分も含めて、移転後の主たる事務所の最寄りの供託所に新たに供託しなければならない（宅地建物取引業法29条1項）。

【問32】 正解4

難易度	重要度
★★★	A

1 **誤り。**法人の役員が暴力団員による不当な行為の防止等に関する法律2条6号に規定する暴力

団員である場合、当該法人は免許を受けられない（宅地建物取引業法5条1項7・12号）。同法の規定に違反しているか否かは関係ない。

2　誤り。D社自身が、宅地建物取引業法66条1項8号又は9号に該当することにより免許取消処分を受けたわけではないので、D社の役員であったCは免許欠格事由に該当せず、CがB社の役員であったとしても、B社は免許欠格事由に該当しない（宅地建物取引業法5条1項2・12号）。

3　誤り。国土交通大臣又は都道府県知事は、その免許を受けた宅地建物取引業者が免許を受けてから引き続いて1年以上事業を休止したときは、当該免許を取り消さなければならない（宅地建物取引業法66条1項6号）。

4　正しい。一定の犯罪（宅地建物取引業法違反・暴力的犯罪・背任罪）により罰金の刑に処せられ、その刑の執行を終わり、又は執行を受けることがなくなった日から5年を経過しない者が役員となっている法人は、免許を受けることができない（宅地建物取引業法5条1項6・12号）。窃盗罪は当該一定の犯罪に該当しない。

【問33】　正解1

難易度	重要度
★★	A

1　正しい。重要事項説明書を電磁的方法により提供しようとする場合には、相手方等の承諾を得ることが必要であり、この承諾は書面や電子メール、Webページ上等で得るものとされている（宅地建物取引業法35条8項、宅地建物取引業法の解釈・運用の考え方35条8項関係1）。

2　誤り。重要事項説明書を電磁的方法により提供するには、宅地建物取引士の記名に代わる措置を講じなければならない（宅地建物取引業法35条8項、5項）。

3　誤り。重要事項の説明は、テレビ会議等のＩＴを活用して行うこともできるが、映像を見ることができない電話による方法で行うことはできない（宅地建物取引業法の解釈・運用の考え方35条1項関係2）。

4　誤り。テレビ会議等のＩＴを活用して重要事項の説明を行うときは、宅地建物取引士は、宅地建物取引士証を提示し、重要事項の説明を受けようとする者が、宅地建物取引士証を画面上で視認できたことを確認しなければならない（宅地建物取引業法の解釈・運用の考え方35条1項関係2）。

【問34】　正解1

難易度	重要度
★★	A

ア　違反する。宅地建物取引業者は、自ら売主となる宅地又は建物の割賦販売契約においては、代金の額の3/10を超える額の金銭の支払を受けるまでは、所有権留保が可能である（宅地建物取引業法43条1項本文かっこ書）。本肢の場合、買主Bが支払った金額は代金の額の3/10を超えているため、所有権の登記をA社名義のままにしておくことは、宅地建物取引業法に違反する。

イ　違反しない。宅地建物取引業者は、自ら売主となる宅地又は建物の割賦販売契約について賦払金の支払の義務が履行されない場合においては、「30日」以上の相当の期間を定めてその支払を書面で催告し、その期間内にその義務が履行されないときでなければ、賦払金の支払の遅滞を理由として、契約を解除し、又は支払時期の到来していない賦払金の支払を請求することができない（宅地建物取引業法42条1項）。

ウ　違反する。宅地建物取引業者は、自己の所有に属しない宅地又は建物について、自ら売主となる売買契約を締結してはならない（宅地建物取引業法33条の2第1号）。ただし、当該宅地又は建物を取得する契約（予約を含み、停止条件のものを除く。）を締結しているときは、例外として売買契約を締結できる。本肢は、Dと取得する契約（予約を含む）を締結していないので、宅地建物取引業法に違反する

以上より、違反しないものはイの一つであり、肢1が正解となる。

【問35】　正解1

難易度	重要度
★★	A

ア　誤り。保証委託契約における保証債務は、少な

くとも宅地建物取引業者が受領した手付金等の返還債務の全部を保証するものでなければならない（宅地建物取引業法41条2項1号）。保全措置を講じる必要があるとされた額を超えた部分についてのみ保証したとしても、保全措置を講じたことにはならないため、未完成物件について、代金の額の5％又は1,000万円を超える額の手付金等を受領することはできない（宅地建物取引業法41条1項）。

イ　誤り。宅地建物取引業者は、宅地の造成又は建築に関する工事の完了前において行う当該工事に係る宅地又は建物の売買で自ら売主となるものに関しては、当該宅地若しくは建物について買主への所有権移転の登記等がされたとき、又は当該宅地建物取引業者が受領しようとする手付金等の額が代金の額の5％以下であり、かつ、1,000万円以下であるときを除き、保全措置を講じた後でなければ、買主から手付金等を受領してはならない（宅地建物取引業法41条1項）。本肢における中間金は代金の額の10％であるから、宅地建物取引業者Aは保全措置を講じる必要があり、それをしない場合、買主Bは当該中間金の全額について支払わないことができる（宅地建物取引業法41条4項）。よって、債務不履行とならないので、Aは、契約を解除することはできない。

ウ　誤り。宅地建物取引業者は、宅地の造成又は建築に関する工事の完了前において行う当該工事に係る宅地又は建物の売買で自ら売主となるものに関しては、保全措置を講じた後でなければ、買主から手付金等を受領してはならない（宅地建物取引業法41条1項本文）。本肢においては、手付金の額はマンションの代金の額の10％に相当することから、保全措置が必要な場合に当たるので、保全措置を講じる前に手付金を受領することはできない。

エ　誤り。保全措置の1つとして、銀行その他政令で定める金融機関又は国土交通大臣が指定する者（以下「銀行等」という。）との間において、宅地建物取引業者が受領した手付金等の返還債務を負うこととなった場合において当該銀行等がその債務を連帯して保証することを委託する契約（以下「保証委託契約」という。）を締結するとするものがある（宅地建物取引業法41条1項1号）。このように保証委託契約は、宅地建物取引業者と銀行等との間で締結するものであって、宅地建物取引業者AとAの代表取締役との間で締結しても、保全措置を講じたことにはならない。

以上より、正しいものはないので、肢1が正解となる。

【問36】　正解4

難易度	重要度
★	A

1　誤り。甲乙が受領できる報酬額の総額は、賃料1か月分の10万円（消費税を考慮しない。）である。本肢では、甲乙の受領額の合計は20万円（消費税を考慮しない。）であり、宅地建物取引業法に違反する。

2　誤り。甲乙が受領できる報酬額の総額は、賃料1か月分の10万円（消費税を考慮しない。）であり、甲乙の受領額の合計が20万円（消費税を考慮しない。）となる本肢は、宅地建物取引業法に違反する。

3　誤り。居住用建物の賃貸借の媒介にあっては、原則として、依頼者の一方から受領できる報酬限度額は、賃料1か月分の1／2にあたる5万円（消費税を考慮しない。）である。よって、乙がBから8万円（消費税を考慮しない。）を受領することは、宅地建物取引業法に違反する。

4　正しい。甲は賃料1か月分の1／2である5万円（消費税を考慮しない。）、乙は賃料1か月分の1／2である5万円（消費税を考慮しない。）を受領することができる。そして、甲と乙は課税事業者であるので、1.1を乗ずると、それぞれ5万5,000円となるので、宅地建物取引業法に違反しない。

【問37】　正解4

難易度	重要度
★	A

1　誤り。宅地建物取引士は、重要事項の説明をするときは、説明の相手方に対し、宅地建物取引

士証を提示しなければならない（宅地建物取引業法35条4項）。再交付申請書の写しをもって、宅地建物取引士証に代えることはできない。

2　誤り。未成年者は、法定代理人から宅地建物取引業を営むことについての許可を受け、営業に関し成年者と同一の行為能力を有する未成年者とならない限り、登録を受けることができない（宅地建物取引業法18条1項1号）。

3　誤り。宅地建物取引士としてすべき事務の禁止の処分を受け、その禁止の期間中に本人の申請に基づき登録が消除され、まだその期間が満了しない者は、登録を受けることができない（宅地建物取引業法18条1項11号）。他の都道府県で宅地建物取引士資格試験に合格した場合でも同様である。

4　正しい。宅地建物取引士資格登録簿には登録を受けている者の住所が登載してあるため、その住所に変更があれば、宅地建物取引士証の交付の有無を問わず、変更の登録をしなければならない（宅地建物取引業法18条2項、20条）。

【問 38】 正解 1

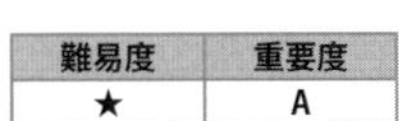

難易度	重要度
★	A

ア　記載事項である。売買及び交換のみならず、貸借の場合も、契約の解除に関する定めがあるときには、その内容を記載しなければならない（宅地建物取引業法37条2項1号、1項7号）。

イ　記載事項でない。宅地又は建物の売買・交換においては、当該物件に係る租税その他の公課の負担に関する定めがあるときは、その内容は記載しなければならない事項である（宅地建物取引業法37条1項12号）が、貸借においては、記載しなければならない事項ではない（宅地建物取引業法37条2項）。

ウ　記載事項である。宅地又は建物の引渡しの時期は、37条の規定に基づく契約内容を記載した書面に記載しなければならない必要的記載事項である（宅地建物取引業法37条2項1号、1項4号）。

エ　記載事項である。天災その他不可抗力による損害の負担に関する定め、すなわち、危険負担の内容は、その定めがあるときには、記載しなければならない（宅地建物取引業法37条2項1号、1項10号）。このことは、売買・交換であるか、貸借であるかを問わない。

以上より、記載しなければならない事項以外のものは、イだけであり、肢1が正解となる。

【問 39】 正解 2

難易度	重要度
★	A

1　誤り。弁済業務保証金分担金の納付を受けた保証協会は、その納付を受けた日から1週間以内に、その納付を受けた額に相当する額の弁済業務保証金を「法務大臣及び国土交通大臣の定める供託所（東京法務局）」に供託する（宅地建物取引業法64条の7第1・2項）。弁済業務保証金分担金を納付した宅地建物取引業者の主たる事務所の最寄りの供託所に供託するのではない。

2　正しい。保証協会の社員が新たに事務所を設置したときは、その日から2週間以内に、保証協会に弁済業務保証金分担金を納付しなければならない（宅地建物取引業法64条の9第2項）。このとき納付する弁済業務保証金分担金の額は、30万円×2＝60万円となる（宅地建物取引業法64条の9第1項、同施行令7条）。

3　誤り。保証協会は、弁済業務保証金の還付があったときは、当該還付に係る社員に還付充当金を保証協会に納付すべきことを通知し（宅地建物取引業法64条の10第1項）、通知を受けた社員は、その通知を受けた日から「2週間以内」に還付充当金を保証協会に納付しなければならない（宅地建物取引業法64条の10第2項）。

4　誤り。宅地建物取引業者は、保証協会の社員の地位を失ったときは、当該地位を失った日から「1週間以内」に営業保証金を供託しなければならない（宅地建物取引業法64条の15前段）。

【問 40】 正解 4

難易度	重要度
★★★	A

1　正しい。宅地又は建物の売買契約をした場合において、契約の解除に関する定めがあるときは、その内容を37条書面に記載しなければならな

い（宅地建物取引業法 37 条 1 項 7 号）。なお、本肢の特約は、危険負担に係る内容のものであるが、危険負担は特約で排除することができる。

2　正しい。建物の貸借の媒介をした場合において、借賃以外の金銭の授受に関する定めがあるときは、その額並びに当該金銭の授受の時期及び目的を記載した書面を交付しなければならない（宅地建物取引業法 37 条 2 項 3 号）。たとえ 35 条書面にその額及び授受の目的について記載したとしても、37 条書面への記載は省略できない。

3　正しい。専属専任媒介契約を締結した場合、依頼者が当該媒介業者が探索した相手方以外の者と売買又は交換の契約を締結したときの措置を法 34 条の 2 第 1 項の規定に基づき交付すべき書面に必ず記載しなければならない（宅地建物取引業法 34 条の 2 第 1 項 7 号、同施行規則 15 条の 7 第 2 号）。

4　誤り。区分所有建物について、売買・交換の媒介をした場合ばかりでなく、貸借の媒介をした場合も、損害賠償額の予定又は違約金に関する定めがあるときは、その内容を 37 条書面に記載しなければならない（宅地建物取引業法 37 条 1 項 8 号、2 項 1 号）。また、貸借の場合、契約不適合責任についての定めは、37 条書面に記載する必要はない。本肢は、前半、後半ともに誤り。

【問 41】 正解 3

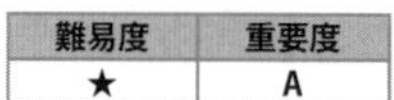

難易度	重要度
★	A

1　正しい。マンション等の区分所有建物の貸借の契約の場合、管理受託者の氏名及び住所を重要事項として説明しなければならない（宅地建物取引業法 35 条 1 項 6 号、同施行規則 16 条の 2 第 8 号）。

2　正しい。マンション等の区分所有建物の貸借の契約の場合、専有部分の用途その他の利用の制限に関する規約の定めがあるときはその内容を重要事項として説明しなければならない。それが案の段階でも重要事項として説明しなければならない（宅地建物取引業法 35 条 1 項 6 号、同施行規則 16 条の 2 第 3 号）。

3　誤り。マンション等の区分所有建物の貸借の契約の場合、共用部分に関する規約の定めは重要事項の説明内容とはならない（宅地建物取引業法 35 条 1 項 6 号、同施行規則 16 条の 2）。

4　正しい。建物の貸借の契約の場合、石綿の使用の有無の調査結果が記録されているときは、その内容を説明しなければならない（宅地建物取引業法 35 条 1 項 14 号、同施行規則 16 条の 4 の 3 第 4 号）。

【問 42】 正解 2

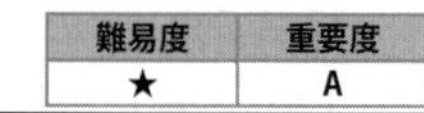

難易度	重要度
★	A

1　正しい。工事完成前の宅地又は建物について、建築確認等の工事完成に必要な許可等の処分がある前の業務に関する広告が禁止されており、例外はない（宅地建物取引業法 33 条）。ここに業務に関する広告とは、宅地建物取引業者が自ら当事者として売買又は交換する旨の広告のほか、宅地建物取引業者が売買、交換若しくは貸借の代理若しくは媒介を行う旨の広告も含まれる。

2　誤り。相手方が宅地建物取引業者であっても、建築確認前に工事完成前の建物の売買契約を締結してはならない（宅地建物取引業法 36 条）。

3　正しい。工事完成前の宅地又は建物については、貸借の代理・媒介は禁止されていない（宅地建物取引業法 36 条）。

4　正しい。手付金等の保全措置を講ずれば、工事完成前の自己の所有に属しない宅地又は建物の売買契約の締結の制限については規制は受けないが（宅地建物取引業法 33 条の 2 ただし書第 2 号）、工事に必要な許可等の処分前であれば、手付金等の保全措置を講じてもなお、工事完成前の宅地又は建物についての売買契約の締結は許されない（宅地建物取引業法 36 条）。

【問 43】 正解 3

難易度	重要度
★	B

1　正しい。宅地建物取引士が監督処分を受けた場合において、宅地建物取引業者の責めに帰すべき理由があるときには、免許権者はその宅地建

物取引業者に対して指示処分又は業務停止処分をすることができる（宅地建物取引業法65条1項4号、2項1号の2）。

2　正しい。都道府県知事は、指示処分をしようとするときは、弁明の機会の付与という手続きではなく、聴聞を行わなければならない（宅地建物取引業法69条1項）。この聴聞の期日における審理は、公開により行わなければならない（宅地建物取引業法69条2項、16条の15第5項）。

3　誤り。指示処分違反は、業務停止処分事由となるが（宅地建物取引業法65条2項3号）、このような業務停止処分事由に該当する場合のうち、情状が特に重いときは、免許取消処分事由となる（宅地建物取引業法66条1項9号）。指示に従わなかったからといって、常に免許を取り消されるわけではない。

4　正しい。免許権者は、免許取消処分や業務停止処分をしたときには、その旨を公告しなければならないが、都道府県知事がそれらの処分をした場合に、その旨を公告（公報又はウェブサイトへの掲載その他の適切な方法により行うものとする）しなければならない（宅地建物取引業法65条1項、70条1項、施行規則29条）。

【問44】 正解4

難易度	重要度
★	B

ア　誤り。宅地建物取引業者は、その事務所ごとに、従業者名簿を備え、最終の記載日から10年間保存しなければならない（宅地建物取引業法48条3項、施行規則17条の2第4項）。宅地建物取引業者は、その事務所ごとに、その業務に関する帳簿を備え、取引のあったつど、必要事項を記載し、閉鎖後5年間（当該宅建業者が自ら売主となる新築住宅に係るものにあっては、10年間）当該帳簿を保存しなければならない（宅地建物取引業法49条、施行規則18条3項）。

イ　誤り。宅地建物取引業者は、従業者に、その従業者であることを証する証明書を携帯させなければ、その者をその業務に従事させてはならない（宅地建物取引業法48条1項）。この従業者には、非常勤の役員や単に一時的に事務の補助をする者も含まれる（宅地建物取引業法の解釈・運用の考え方48条1項関係）。

ウ　誤り。従業者名簿を備えず、又はこれに必要な事項を記載せず、若しくは虚偽の記載をした者は、50万円以下の罰金に処する（宅地建物取引業法83条1項4号）。この従業者名簿の記載事項として、住所は含まれていない（宅地建物取引業法48条3項）。

エ　誤り。宅地建物取引業者は、その事務所ごとに、その業務に関する帳簿を備えなければならないが、取引の関係者から請求があったときに、従業者名簿をその者の閲覧に供しなければならないのと異なって（宅地建物取引業法48条4項）、業務に関する帳簿に関しては、閲覧に供する義務はない（宅地建物取引業法49条）。

以上から、すべて誤っており、正解は肢4である。

【問45】 正解4

難易度	重要度
★	A

1　誤り。宅地建物取引業者は、自ら売主となる売買契約に基づき買主に引き渡した新築住宅について資力確保措置を講ずる義務がある（特定住宅瑕疵担保責任の履行の確保等に関する法律11条1項）。もっとも、新築住宅の買主が宅地建物取引業者である場合は除かれている（特定住宅瑕疵担保責任の履行の確保等に関する法律2条6項2号ロかっこ書）。

2　誤り。宅地建物取引業者は、自ら売主となる売買契約に基づき買主に引き渡した新築住宅について資力確保措置を講ずる義務がある（特定住宅瑕疵担保責任の履行の確保等に関する法律11条1項）。これに対して、新築住宅の売買の媒介をする場合には、このような義務は負わない。

3　誤り。供託宅地建物取引業者は、自ら売主となる新築住宅の買主に対し、当該新築住宅の売買契約を締結するまでに、その住宅販売瑕疵担保保証金の供託をしている供託所の所在地その他住宅販売瑕疵担保保証金に関し国土交通省令で定める事項について、これらの事項を記載した書面（買主の承諾を得て電磁的方法により提供する場合を含む。）を交付して説明しなければならない（特定住宅瑕疵担保責任の履行の確保等に関する法律15条）。しかし、これらを必ず宅地建物取引士にさせなければならないとはされていない。

4 **正しい。**自ら売主として新築住宅を宅地建物取引業者でない買主に引き渡した宅地建物取引業者は、基準日ごとに、当該基準日に係る資力確保措置の状況について、国土交通省令で定めるところにより、その免許を受けた国土交通大臣又は都道府県知事に届け出なければならない（特定住宅瑕疵担保責任の履行の確保等に関する法律12条1項）。そして、この届出は、基準日から3週間以内に、しなければならない（特定住宅瑕疵担保責任の履行の確保等に関する法律施行規則16条1項）。

【問 46】 正解 2

難易度	重要度
★★★	C

1 **誤り。**機構は、貸付けを受けた者が不況で収入が大幅に減った等の経済事情の変動により、元利金の支払が著しく困難となった場合、貸付けの条件の変更又は延滞元利金の支払方法の変更をすることができる（独立行政法人住宅金融支援機構業務方法書26条2項、機構ホームページ「返済方法変更のメニュー」）。しかし、元利金の支払の免除をすることはできない。

2 **正しい。**機構の行う災害復興住宅融資では、自然災害により被害が生じた住宅の所有者又は居住者が自己居住用の住宅を建設、購入又は補修する場合のほか、被災者向けに貸すための住宅を建設、購入又は補修する場合にも、融資を行う（機構ホームページ「災害復興住宅融資」）。

3 **誤り。**機構は、勤務先から住宅手当などの援助が受けられる者で、一般財形貯蓄・財形年金貯蓄・財形住宅貯蓄のいずれかを1年以上続けている者に対し、自宅購入資金等を援助する財形住宅融資を行っている（機構ホームページ「財形住宅融資」）。

4 **誤り。**機構のリフォーム融資は、高齢者向け返済特例制度を利用してバリアフリー工事又は耐震改修工事を行う等の場合に限り利用でき、増改築工事や修繕・模様替え工事だけを実施する場合は、利用できない（機構ホームページ「リフォーム融資」）。

【問 47】 正解 3

難易度	重要度
★★	A

1 **正しい。**住宅の居室等の広さを畳数で表示する場合においては、畳1枚当たりの広さは1.62㎡（各室の壁心面積を畳数で除した数値）以上の広さがあるという意味で用いる（不動産の表示に関する公正競争規約施行規則9条16号）。

2 **正しい。**建物を増築、改築、改装又は改修したことを表示する場合は、その内容及び時期を明示する（不動産の表示に関する公正競争規約施行規則9条21号）。

3 **誤り。**土地の価格については、1区画当たりの価格を表示する。ただし、1区画当たりの土地面積を明らかにし、これを基礎として算出する場合に限り、1㎡当たりの価格で表示することができる（不動産の表示に関する公正競争規約施行規則9条35号）。

4 **正しい。**賃貸される住宅（マンション又はアパートにあっては、住戸）の賃料については、取引する全ての住戸の1か月当たりの賃料を表示する。ただし、新築賃貸マンション又は新築賃貸アパートの賃料については、パンフレット等の媒体を除き、1住戸当たりの最低賃料及び最高賃料のみで表示する（不動産の表示に関する公正競争規約施行規則9条40号）。

【問 48】 正解 4

難易度	重要度
★★	A

1 **正しい。**年次別法人企業統計調査（令和4年度。令和5年9月公表）によれば、不動産業について、令和4年度の売上高営業利益率は10.1%、売上高経常利益率は12.8%であり、いずれも10%を超えている。

2 **正しい。**建築着工統計調査報告（令和5年度計。令和6年4月公表）によれば、令和5年度の新設住宅着工戸数は、持家、貸家及び分譲住宅が減少したため、２年連続の減少となった。

3　正しい。令和６年地価公示(令和６年３月公表)によれば、令和５年１月以降の１年間の地価について地方圏では、全用途平均、住宅地及び商業地のいずれも３年連続で上昇し、全用途平均及び商業地は上昇率が拡大し、住宅地は前年と同じ上昇率となった。

4　誤り。建築着工統計調査報告（令和５年計。令和６年１月公表）によれば、令和５年１月から令和５年12月までのマンション着工戸数は、「三大都市圏計」は86,014戸で前年比1.8%増で前年を上回ったが、「その他の地域」は21,865戸で前年比7.6%減で前年を下回った。

【問 49】 正解2

難易度	重要度
★★	A

1　誤り。雛壇型の造成地は、切土部分より「盛土部分」の方が、危険である。異質の土が接するからである。

2　正しい。天井川で廃川となっているところ（古い天井川）は、周辺の土地よりも高く、比較的危険度が低く、宅地として必ずしも不適切とはいえない。

3　誤り。地すべり地の特徴は、上部に急斜面、中部に緩やかな斜面、下部に末端部に相当する急斜面があり、等高線が乱れて表れることが多いことである。

4　誤り。低地は、一般的に地盤が軟らかく、洪水や地震にも弱いので、宅地に適さないが、低地の中でも、自然堤防（河川沿いに、過去の洪水による堆積土砂で作られた微高地）は、比較的危険度が低く、宅地として利用できる。

【問 50】 正解4

難易度	重要度
★★★	B

1　誤り。居室の天井の高さは、2.1 m以上でなければならない（建築基準法施行令21条1項）。

2　誤り。階段及びその踊場の両側には、側壁又はこれに代わるものを設けなければならないが、手すりが設けられた側は除くとされている（建築基準法施行令25条2項）。

3　誤り。便所には、採光及び換気のため直接外気に接する窓を設けなければならない。ただし、水洗便所で、これに代わる設備をした場合においては、この限りでない（建築基準法施行令28条）。

4　正しい。打撃、圧力又は振動により設けられる基礎ぐいは、それを設ける際に作用する打撃力その他の外力に対して構造耐力上安全なものでなければならない（建築基準法施行令38条5項）。

令和６年度
宅地建物取引士資格試験

予想模擬試験［第2回］

解答・解説

【難易度】

★ … 易しい（正答率が60%以上と予想される問題）
★★ … 標準 （正答率が40%以上60%未満と予想される問題）
★★★ … 難しい（正答率が40%未満と予想される問題）

【重要度】

A … 必ず理解・記憶しておくべき内容を問う問題
B … このレベルまでは理解・記憶しておきたい内容を問う問題
C … 余裕があれば、チャレンジしたい内容を問う問題

令和６年度　予想模擬試験［第２回］正解一覧表

【使い方】
1．問題ごとに、マークした解答を下記解答欄に書き込む。
2．正解と照らし合わせ、正誤欄に○× を付けていく。
3．正解一覧表の下にある点数表に自分の点数を科目ごとに書き込む。
4．点数が低い科目・分野については、解説を熟読する他、本シリーズのテキスト該当箇所を確認し、過去問題集及びオリジナル問題集の問題を解いて、解答力までチェックする。

科目	問題	難易度	重要度	項目	正解	解答	正誤
権利関係	1	★★	B	不法行為（判決文）	3		
	2	★★	B	制限行為能力者	4		
	3	★★	B	共有	3		
	4	★	C	担保物権一般	1		
	5	★	A	代理総合	3		
	6	★★	B	弁済	2		
	7	★★	B	相続	2		
	8	★★★	C	債権者代位権	4		
	9	★★	A	敷金	3		
	10	★★	A	使用貸借・賃貸借	3		
	11	★★	A	借地	3		
	12	★★	B	借家	3		
	13	★★	A	区分所有法	4		
	14	★★	B	不動産登記法	4		
法令上の制限	15	★★	A	開発許可	4		
	16	★★★	B	都市計画事業制限等	1		
	17	★★★	B	建築確認等	2		
	18	★★★	B	用途制限等	2		
	19	★	A	盛土規制法	3		
	20	★★	B	土地区画整理法	1		
	21	★★	A	農地法	1		
	22	★	A	国土利用計画法	4		
税・価格	23	★★	A	不動産取得税	4		
	24	★	B	譲渡所得	1		
	25	★	B	地価公示法	1		

科目	問題	難易度	重要度	項目	正解	解答	正誤
宅地建物取引業法	26	★★	A	報酬	1		
	27	★★★	A	宅地建物取引士総合	3		
	28	★★	A	変更・廃業等の届出	1		
	29	★★★	A	免許・登録・宅地建物取引士証	2		
	30	★	A	媒介契約規制	4		
	31	★	A	広告の規制	2		
	32	★★	A	営業保証金	1		
	33	★	A	帳簿・従業者名簿	1		
	34	★	A	35条書面・37条書面	3		
	35	★★★	A	免許の基準	1		
	36	★	A	重要事項の説明	1		
	37	★★	A	重要事項の説明	2		
	38	★★	A	自ら売主規制総合	4		
	39	★★★	A	他人物売買	1		
	40	★★	A	クーリング・オフ	1		
	41	★★	A	手付金等の保全措置	4		
	42	★	A	宅建業の定義	2		
	43	★	A	免許総合	1		
	44	★	A	保証協会	2		
	45	★★★	A	履行確保法	2		
免除科目	46	★★	A	住宅金融支援機構	1		
	47	★★	A	景表法（表示規約）	2		
	48	★★	A	不動産に関する統計	1		
	49	★	A	土地	3		
	50	★	A	建物	4		

科目	権利関係（1〜14）	法令制限（15〜22）	税・価格（23〜25）	宅建業法（26〜45）	免除科目（46〜50）	合計
点数	/14	/8	/3	/20	/5	/50

【問1】 正解3

難易度	重要度
★★	B

1 **正しい。** Bに使用者責任が成立する場合、民法715条による使用者BのCに対する損害賠償債務と民法709条による被用者AのCに対する損害賠償債務の関係は、不真正連帯債務となる（判例）。したがって、被害者Cは、被用者Aと使用者Bの双方に損害全額の賠償を請求することができる。

2 **正しい。** 数人が共同の不法行為によって他人に損害を加えたときは、各自が連帯してその損害を賠償する責任を負う（民法719条1項前段）。したがって、被害者Cは、被用者Aと使用者Bの双方に損害全額の賠償を請求することができる（民法436条）。

3 **誤り。** 判決文によれば、被用者が使用者の事業の執行につき第三者との共同の不法行為により他人に損害を加えた場合には、第三者との関係においても、使用者は被用者と同じ内容の責任を負うべきであるから、Cは、Aの負担部分について、Aの使用者Bに対して求償することができる。

4 **正しい。** 数人が共同の不法行為によって他人に損害を加えたときは、各自が連帯してその損害を賠償する責任を負うが（民法719条1項前段）、共同不法行為者の1人に対する債務の免除は、他の共同不法行為者に対して影響を及ぼさないのが原則である（判例、民法441条本文参照）。ただし、被害者が他の共同不法行為者の債務をも免除する意思を有している場合には、その者に対しても免除の効力が及ぶ（判例）。

【問2】 正解4

難易度	重要度
★★	B

1 **誤り。** 未成年者に対して最後に親権を行う者は、遺言で、未成年後見人を指定することができる。ただし、管理権を有しない者は、この限りでない（民法839条1項）。

2 **誤り。** 被保佐人は、不動産その他重要な財産に関する権利の得喪を目的とする行為などを行うときには、その保佐人の同意を得なければならない（民法13条1項3号）。しかし、日用品の購入その他日常生活に関する行為については、その保佐人の同意を得る必要はない（同項ただし書、9条ただし書）。

3 **誤り。** 後見開始の審判をする場合において、本人が被保佐人又は被補助人であるときは、家庭裁判所は、その本人に係る保佐開始又は補助開始の審判を取り消さなければならない（民法19条1項）。

4 **正しい。** 法律行為の当事者が意思表示をした時に意思能力を有しなかったときは、その法律行為は、無効である（民法3条の2）。成年被後見人であるか否かは問わない。

【問3】 正解3

難易度	重要度
★★	B

1 **正しい。** 共有物を使用する共有者は、別段の合意がある場合を除き、他の共有者に対し、自己の持分を超える使用の対価を償還する義務を負う（民法249条2項）。

2 **正しい。** 共有物に変更（その形状又は効用の著しい変更を伴わないものを除く。）を加えるには、共有者全員の同意が必要である（民法251条1項）。

3 **誤り。** 共有物の管理に関する事項は、各共有者の持分の価格に従い、その過半数で決する（民法252条1項）。そして、共有物の管理者の選任は、この「共有物の管理に関する事項」に含まれる（同項かっこ書）。本問の各共有者の持分は「各3分の1」なので、Aは、BC双方の同意を得なくても、どちらかの同意を得れば、甲土地の管理者を選任することができる。

4 **正しい。** 共有物の分割について共有者間に協議が調わないときは、その分割を裁判所に請求することができる（民法258条1項）。この場合、裁判所は、本肢のように、共有者に債務を負担させて、他の共有者の持分の全部又は一部を取得させる方法により、共有物の分割を命ずることができる（同条2項2号）。

【問4】 正解1

難易度	重要度
★	C

1 **正しい。** 不動産保存の先取特権は、先に登記した抵当権があった場合でも、抵当権に優先して行使することができる（民法339条、337条）。抵当権設定後になされた保存行為は抵当権者の利益にもなるからである。

2 **誤り。** 先取特権は、法律上当然に成立する「法定」担保物権であり、当事者間の約定により成立するものではない（民法303条）。不動産売買の先取特権についても、同様である（民法328条1項）。したがって、あらかじめ、先取特権の行使について合意しておく必要はない。

3 **誤り。** 不動産質権者は、質権の目的である不動産の用法に従い、その使用及び収益をすることができる（民法356条）。なお、その代わりに、設定行為に別段の定めがない限り、管理の費用や固定資産税等を負担しなければならず（民法357条）、利息を請求できない（民法358条、359条）。

4 **誤り。** 留置権は、物を留置することによって弁済を促す担保物権に過ぎず、目的物の交換価値を把握し、その価値から他の債権者に優先して弁済を受ける効力を有しない（民法295条1項）。したがって、物上代位は認められていない。

【問5】 正解3

難易度	重要度
★	A

1 **誤り。** 意思表示の効力が詐欺によって影響を受けるべき場合、その事実の有無は、代理人について決する（民法101条1項）。したがって、代理人Aがだまされて契約を締結した場合、その契約は取消しができるものとなる（民法96条1項）。この場合、代理人による意思表示であって、意思表示の効果が帰属し不利益を受けるのは本人であるため、取消権は本人に帰属する。したがって、契約を取り消すことができるのは、本人Bである。

2 **誤り。** 制限行為能力者が代理人としてした行為は、行為能力の制限によっては取り消すことができない（民法102条本文）。したがって、本人Bは、Aの親権者の同意がなかったとしても、代理人Aが未成年者であることを理由に売買契約を取り消すことはできない。

3 **正しい。** 代理人が本人のためにすることを示さないでした意思表示は、自己のためにしたものとみなされる（民法100条本文）。ただし、相手方が、代理人が本人のためにすることを知り、又は知ることができたときは、本人に対して直接にその効力を生ずる（同条ただし書、99条1項）。

4 **誤り。** 肢2で述べたとおり、制限行為能力者が代理人としてした行為は、行為能力の制限によっては取り消すことができないのが原則であるが、制限行為能力者が他の制限行為能力者の法定代理人としてした行為については、本人B、代理人A、保佐人は、当該売買契約を取り消すことができる（民法102条ただし書、120条1項かっこ書）。

【問6】 正解2

難易度	重要度
★★	B

1 **誤り。** 当事者が第三者の弁済を禁止し、又は制限する旨の意思表示をしたときは、弁済をするについて正当な利益を有する者であっても、弁済をすることができない（民法474条4項・1項）。この場合、第三者が善意無過失であっても、弁済の効力は生じない。

2 **正しい。** 債権者の代理人と称して請求をしてきた無権限者に弁済した場合であっても、その者に弁済受領権限があるかのような外観があり、弁済者が善意無過失のときは、弁済は有効となる（民法478条）。

3 **誤り。** 弁済者が、債権者との間で、債務者の負担した給付に代えて他の給付をすることにより債務を消滅させる旨の契約をした場合、その弁済者が当該他の給付をしたときは、その給付は、弁済と同一の効力を有する（民法482条）。代物弁済は、契約自体は合意のみで成立する（諾成契約）が、実際に代わりの給付をしてはじめて弁済の効力が生じ、不動産所有権を代物弁済の目的とするときは、引渡し及び所有権移転登記を終えた時に代物弁済の効力が生じる（判例）。

4 誤り。債権者が正当な理由なく、受領を拒絶している場合では、現実の提供をしなくても、口頭の提供をすれば、履行遅滞の責任は免れる（民法 493 条、492 条、判例）。

【問7】 正解2

難易度	重要度
★★	B

1 誤り。Cのした遺留分の放棄は、他の共同相続人の遺留分に影響を及ぼさない（民法 1049 条２項）。本肢の相続人は、配偶者Bと嫡出子C、Dであるから、全体の遺留分は２分の１である（民法 1042 条１項２号）。この全体の遺留分にDの法定相続分４分の１を乗じた「８分の１」について、Dは、Bに対して遺留分侵害額の請求をすることができる（民法 1042 条２項、1046 条１項）。

2 正しい。相続の放棄をしたDは、初めから相続人とならなかったものとみなされるため（民法 939 条）、遺留分侵害額の請求をすることはできない。なお、遺留分の放棄をしても、相続できることと混同しないように注意しよう。

3 誤り。被相続人に対して無償で療養看護等を行ったことにより被相続人の財産の維持又は増加について特別の寄与をした被相続人の親族（相続人、相続の放棄をした者、相続欠格者、廃除によってその相続権を失った者を除く）は、相続の開始後、「相続人」に対し、特別寄与料の支払いを請求することができる（民法 1050 条１項）。本肢のEは、相続人Cに対して特別寄与料の支払いを請求することができる。特別縁故者に対する相続財産の分与（民法 958 条の３）と混同しないように注意しよう。

4 誤り。配偶者居住権は、居住建物の全部に効力が及ぶ（民法 1028 条１項）。居住建物の一部についてのみ配偶者居住権の成立を認めることはできない。居住建物の一部について配偶者居住権の登記をすることができないからである。

【問8】 正解4

難易度	重要度
★★★	C

1 正しい。債務者が既に自ら被代位権利を行使している場合は、その権利行使が適当であるか否かを問わず、債権者は、もはや債権者代位権を行使することはできない（判例）。

2 正しい。登記をしなければ権利の得喪及び変更を第三者に対抗することができない財産を譲り受けた者は、その譲渡人が第三者に対して有する登記手続をすべきことを請求する権利を行使しないときは、その権利を行使することができる（民法 423 条の７前段）。

3 正しい。建物の賃借人は、その賃借権を保全するため、賃貸人である建物所有者に代位して、当該建物の不法占有者に対して当該建物を直接自己に明け渡すよう請求することができる（判例）。

4 誤り。債務者の一身に専属する権利は、債権者代位権の対象とならない（民法 423 条１項ただし書）。債務者の一身に専属する権利には、夫婦間の契約取消権（民法 754 条）が含まれる。したがって、Lは、Jの夫婦間の契約取消権を代位行使することができない。

【問9】 正解3

難易度	重要度
★★	A

1 誤り。いかなる名目によるかを問わず、賃料債務その他の賃貸借に基づいて生ずる賃借人の賃貸人に対する金銭の給付を目的とする債務を担保する目的で、賃借人が賃貸人に交付する金銭を敷金という（民法 622 条の２第１項かっこ書）。敷金を賃貸人が受け取っている場合、賃貸借が終了し、かつ、賃貸物の「返還を受けたとき」に、賃借人に対し、その受け取った敷金の額から賃貸借に基づいて生じた賃借人の賃貸人に対する金銭の給付を目的とする債務の額を控除した残額を返還しなければならない（民法 622 条の２第１項１号）。したがって、敷金返還請求権は賃貸借契約終了時にその残額につき具体的に発生するわけではない。

2 誤り。敷金が授受された賃貸借契約に係る賃料債権につき抵当権者が物上代位権を行使してこれを差し押さえた場合でも、当該賃貸借契約が終了し、目的物が明け渡されたときは、それまでに生じた賃料債権は、敷金の充当によりその限度で消滅する（判例）。

3 正しい。賃貸不動産の譲渡に伴い賃貸人の地位が不動産の譲受人に移転した場合（民法605条の2第1項）、賃借人に対する敷金返還債務も譲受人に承継される（民法605条の2第4項）。

4 誤り。賃貸人は、賃借人が賃貸借に基づいて生じた金銭の給付を目的とする債務を履行しないときは、敷金をその債務の弁済に充てることができる。しかし、この場合、賃借人は、賃貸人に対し、敷金をその債務の弁済に充てることを請求することができない（民法622条の2第2項）。

【問10】 正解3

難易度	重要度
★★	A

1 正しい。使用貸借契約において、当事者が返還の時期及び使用収益の目的を定めなかったときは、貸主は、いつでも契約を解除することができる（民法598条2項）。したがって、Aは、予告期間がなくても、契約を解除して、Bに対して甲建物の返還を請求できる。これに対し、当事者が賃貸借の期間を定めなかったときは、各当事者は、いつでも解約の申入れをすることができ、建物の賃貸借においては、解約の申入れの日から3か月を経過することによって終了する（民法617条1項2号）。したがって、Cは、解約の申入れの日から3か月という予告期間がなければ、Dに対して乙建物の返還を請求できない。

2 正しい。使用貸借契約は、借主の死亡によって終了する（民法597条3項）。したがって、使用借権は相続人に相続されない。これに対し、賃貸借契約は、借主が死亡しても直ちに終了せず、賃借権は相続人に相続される（民法896条）。

3 誤り。使用貸借では、目的物の日常的な修繕費（通常の必要費）については、借主Bが負担する（民法595条1項）が、災害で破損した目的物の修繕費（特別の必要費）は、貸主Aが負担する（民法595条2項、583条2項、196条1項）。これに対し、賃貸借では、目的物の日常的な修繕費も災害で破損した修繕費もどちらも必要費として貸主Cが負担する（民法608条1項、606条1項）。

4 正しい。不動産の使用貸借契約及び一時使用目的の建物賃貸借契約には借地借家法の適用はない（借地借家法40条）から、本肢では、借地借家法を考慮せずに解答する必要がある。甲建物がEに売却された場合、そもそも使用借権は登記ができないため（不動産登記法3条参照）、Bは甲建物の使用借権をEに主張することはできない。これに対し、Dは、賃借権の登記をしていれば、Fに対して乙建物の賃借権を主張できる（民法605条）。

【問11】 正解3

難易度	重要度
★★	A

1 誤り。借地借家法22条の定期借地権を設定するためには、存続期間を50年以上としなければならず（借地借家法22条）、裁判所の許可を得て50年未満の期間を存続期間とすることができるという規定はない。

2 誤り。借地借家法22条の定期借地権は、特約により法定更新を含めて契約の更新等がなく、建物買取請求権もない借地権とすることができる。その特約は、書面又は電磁的記録によることを要するのであって、公正証書に限定されるわけではない（借地借家法22条）。

3 正しい。借地権設定契約にあたり、借地権設定後30年以上経過した日に、借地権を消滅させるために、借地上建物を借地権設定者に相当の対価で譲渡する旨の特約を結ぶことができる（建物譲渡特約付借地権、借地借家法24条1項）。この建物譲渡特約付借地権設定契約は、書面による必要はない。

4 誤り。存続期間を10年以上50年未満とし、法定更新の規定等及び建物買取請求権の規定の適用を受けない借地権とは、借地借家法23条に規定する事業用定期借地権であり、専ら事業の用に供する建物の所有を目的として設定することができ、居住の用に供する建物を所有する目的では設定できない。

【問 12】 正解3

難易度	重要度
★★	B

1 **誤り。** 定期建物賃貸借においても、借地借家法 33 条の造作買取請求権の規定は適用される。本肢では、造作買取請求権を排除する特約はないことから、建物の賃貸人の同意を得て建物に付加した造作がある場合、建物の賃借人は、建物の賃貸借が期間の満了等によって終了するときに、建物の賃貸人に対し、その造作を時価で買い取るべきことを請求することができる（借地借家法 33 条 1 項）。よって、Bの同意を得て甲建物に付加した造作について、Aは、買取を請求することができる。

2 **誤り。** 借地借家法 32 条の借賃増減額請求権の規定は、定期建物賃貸借において、借賃の改定に係る特約がある場合には、適用しない（借地借家法 38 条 7 項）。本肢では、賃料の改定に関する特約がないことから、借賃増減額請求権が行使でき、建物の借賃が、建物に対する租税等の負担の増減により、建物の価格の上昇もしくは低下等の経済事情の変動により、又は近傍同種の建物の借賃に比較して不相当となったときは、契約の条件にかかわらず、当事者は、将来に向かって建物の借賃の額の増減を請求することができる（借地借家法 32 条 1 項）。よって、A又はBは、賃料の増減額を請求することができる。

3 **正しい。** 建物の賃貸借は、その登記がなくても、建物の引渡しがあったときは、その後その建物について物権を取得した者に対し、効力を生ずる（借地借家法 31 条 1 項）。よって、Aは、甲建物の賃借権の登記（民法 605 条）がなくても、Cに対して、甲建物の賃借権があることを主張できる。

4 **誤り。** 確かに借地権の場合であれば借地権設定者の承諾に代わる裁判所の許可という制度は存在するが（借地借家法 19 条）、借家権に関してはこのような制度は存在しない。

【問 13】 正解4

難易度	重要度
★★	A

1 **正しい。** 区分所有法及び規約に定めるもののほか、管理者の権利義務は、委任に関する規定に従う（区分所有法 28 条）。

2 **正しい。** 管理者は、共用部分並びに当該建物の敷地及び附属施設を保存し、集会の決議を実行し、並びに規約で定めた行為をする権利を有し、義務を負う（区分所有法 26 条 1 項）。

3 **正しい。** 管理者は、その職務に関し、区分所有者を代理する（区分所有法 26 条 2 項前段）。そして、管理者の代理権に加えた制限は、善意の第三者に対抗することができない（区分所有法 26 条 3 項）。

4 **誤り。** 管理者は、規約又は集会の決議により、その職務に関し、区分所有者のために、原告又は被告となることができる（区分所有法 26 条 4 項）。管理者に選任されれば当然に原告又は被告となることができるものではない。

【問 14】 正解4

難易度	重要度
★★	B

1 **誤り。** 相続（相続人に対する遺贈を含む。）により不動産を取得した相続人は、自己のために相続の開始があったことを知り、かつ、その所有権を取得したことを知った日から「3年」以内に所有権の移転の登記を申請しなければならない（不動産登記法 76 条の 2 第 1 項）。1年以内ではない。

2 **誤り。** 表題登記がない土地の所有権を取得した者は、その所有権の取得の日から「1月」以内に、表題登記を申請しなければならない（不動産登記法 36 条）。1年以内ではない。

3 **誤り。** 区分建物の所有権の保存の登記は、表題部所有者から所有権を取得した者も、申請することができる（不動産登記法 74 条 2 項）。しかし、区分建物以外の建物の場合には、表題部所有者（又はその相続人）名義で所有権の保存の登記をした上で、所有権の移転の登記をすることになる。

4 正しい。所有権の登記の抹消は、所有権の移転の登記がない場合に限り、所有権の登記名義人が単独で申請することができる（不動産登記法77条）。

【問15】 正解4

難易度	重要度
★★	A

1 誤り。開発許可を申請しようとする者は、あらかじめ、開発行為に関係がある公共施設の管理者と協議し、その同意を得なければならない（都市計画法32条1項）。そして、この既存公共施設の管理者の同意を得たことを証する書面が開発許可申請書の添付書類として要求されている（都市計画法30条2項）。

2 誤り。開発許可を受けた開発区域内の土地においては、工事完了の公告があるまでは、原則として、建築物を建築し又は特定工作物を建設してはならない（都市計画法37条）。しかし、分譲することは禁止されていない。

3 誤り。市街化区域において行う開発行為であって、少なくとも1,000㎡以上の規模の開発行為であれば、原則として、開発許可が必要である（都市計画法29条1項1号、同施行令19条）。しかし、公益上必要な建築物のうち政令で定める建築物に係る開発行為については、例外として、開発許可は不要である。医療施設は、ここにいう「公益上必要な建築物のうち政令で定める建築物」には含まれず、開発許可を不要とする例外にはあたらない（都市計画法29条1項3号、同施行令21条）。よって、市街化区域における1,000㎡の規模の市町村が設置する医療法に規定する診療所の建築の用に供する目的で行う開発行為については、原則どおり、開発許可が必要である。

4 正しい。開発許可を受けた開発行為又は開発行為に関する工事により設置された公共施設は、工事完了の公告の日の翌日において、原則として、その公共施設の存する市町村の管理に属するものとされている（都市計画法39条）。例外は、①他の法律に基づく管理者が別にあるとき、②開発行為前の協議により管理者について別段の定めをしたときの2つは、それらの者の管理に属するものとなる。

【問16】 正解1

難易度	重要度
★★★	B

1 正しい。田園住居地域内の農地の区域内において建築物の建築をしようとする者は、国土交通省令で定めるところにより、市町村長の許可を受けなければならない（都市計画法52条1項本文）。

2 誤り。都市計画事業の認可の告示があった後においては、当該事業地内において、都市計画事業の施行の障害となるおそれがある土地の形質の変更もしくは建築物の建築その他工作物の建設を行い、又は政令で定める移動の容易でない物件の設置もしくは堆積を行おうとする者は、都道府県知事等の許可を受けなければならない（都市計画法65条1項）。

3 誤り。事業地内の土地建物等を有償で譲り渡そうとする者は、当該土地建物等、その予定対価の額及び当該土地建物等を譲り渡そうとする相手方その他国土交通省令で定める事項を書面で施行者に届け出なければならない（都市計画法67条1項本文）。

4 誤り。市町村長は、道路・公園等の施設の配置及び規模が定められている再開発等促進区もしくは開発整備促進区又は地区整備計画が定められている地区計画の区域内における建築等の届出があった場合において、その届出に係る行為が地区計画に適合しないと認めるときは、その届出をした者に対し、その届出に係る行為に関し設計の変更その他の必要な措置をとることを勧告することができる（都市計画法58条の2第3項）。

【問17】 正解2

難易度	重要度
★★★	B

1 誤り。都道府県知事の構造計算適合性判定を受けなければならないのは、建築主である（建築基準法6条の3第1項）。

2 正しい。指定確認検査機関は、完了検査をしたときは、国土交通省令で定める期間内に、国土交通省令で定めるところにより、完了検査報告書を作成し、完了検査をした建築物及びその敷地に関する国土交通省令で定める書類を添えて、これを特定行政庁に提出しなければならない（建築基準法７条の２第６項）。

3 **誤り。**「防火地域及び準防火地域外」において、建築物を増築し、改築し、又は移転しようとする場合で、その増築、改築又は移転に係る部分の床面積の合計が 10㎡以内であるときは、建築確認は不要である（建築基準法６条２項）。準防火地域内においては、増築に係る床面積いかんにかかわらず、建築確認が必要となるのであるから、本肢は誤り。

4 **誤り。** 1・2・3号建築物以外の一般建築物（4号建築物）は、都市計画区域・準都市計画区域のほか、景観法の準景観地区内又は都道府県知事が関係市町村の意見を聴いてその区域の全部若しくは一部について指定する区域内でも、建築確認が必要となる場合がある（建築基準法６条１項４号）。

【問 18】 正解2

難易度	重要度
★★★	B

1 **誤り。**店舗の用途に供する建築物で当該用途に供する部分の床面積の合計が 150㎡であるものは、第一種低層住居専用地域においては建築することができないが、第二種低層住居専用地域及び田園住居地域においては、原則として建築することができる（建築基準法 48 条１・２・８項、同別表第二（い）項・（ろ）項２号・（ち）項５号）。

2 **正しい。**第一種住居地域内では、映画館を建築することができない（建築基準法 48 条５項、同別表第二（ほ）項・（へ）項３号、５号）。準住居地域内では 200㎡未満の映画館を建築することができる（建築基準法 48 条７項、同別表第二（と）項）。

3 **誤り。**まず、北側高さ制限においては、過半主義の適用はない（建築基準法 91 条かっこ書）。そして、この北側高さ制限は、近隣商業地域においては適用されないが、第一種低層住居専用地域においては適用される（建築基準法 56 条１項３号・５項）。よって、本肢においては、第一種低層住居専用地域内にある建築物の部分にあってはなお北側高さ制限が適用されるのであり、誤り。

4 **誤り。**都市計画区域及び準都市計画区域以外で都道府県知事の指定区域内においては、地方公共団体は、条例で、建築物又はその敷地と道路との関係、建築物の容積率、建築物の高さその他の建築物の敷地又は構造に関して必要な制限を定めることができる（建築基準法 68 条の９第１項）。しかし、建築物の用途に関する制限は定めることができない。

【問 19】 正解3

難易度	重要度
★	A

1 **正しい。**宅地造成等工事規制区域内（公共施設用地を除く。）において、雨水その他の地表水又は地下水を排除するための排水施設の除却工事を行おうとする者（許可を受けた者を除く）は、その工事に着手する日の 14 日前までに、主務省令で定めるところにより、その旨を都道府県知事に届け出なければならない（宅地造成及び特定盛土等規制法 21 条３項、同施行令 26 条１項、７条１項１号）。

2 **正しい。**宅地造成等工事規制区域内において行われる特定盛土等に関する工事については、工事主は、当該工事に着手する前に、都道府県知事の許可を受けなければならない（宅地造成及び特定盛土等規制法 12 条１項）。宅地又は農地等（農地、採草放牧地及び森林）において行う盛土又は切土で、面積が 500㎡を超えるものは特定盛土等に該当する（宅地造成及び特定盛土等規制法２条３号、同施行令３条５号）。

3 **誤り。**宅地造成に関する工事の許可申請を行う者は、「工事主」である（宅地造成及び特定盛土等規制法 12 条１項）。ここにいう「工事主」とは、工事の請負契約の注文者又は請負契約によらないで自らその工事をする者をいう（宅地造成及び特定盛土等規制法２条７号）。

4　**正しい。**都道府県知事は、基礎調査のために他人の占有する土地に立ち入って測量又は調査を行う必要があるときは、その必要の限度において、他人の占有する土地に、自ら立ち入り、又はその命じた者若しくは委任した者に立ち入らせることができるが、この場合、他人の占有する土地に立ち入ろうとする者は、立ち入ろうとする日の3日前までに、その旨を当該土地の占有者に通知しなければならない（宅地造成及び特定盛土等規制法5条1・2項）。

【問20】 正解1

難易度	重要度
★★	B

1　**正しい。**施行者である土地区画整理組合は、施行地区内の宅地について換地処分を行うため、換地計画を定めるにあたり、その換地計画について「都道府県知事」の認可を受けなければならない（土地区画整理法86条1項）。この場合において、土地区画整理組合は、当該認可の申請にあたり、換地計画に係る区域を管轄する市町村長を経由して行わなければならない（土地区画整理法86条2項）。

2　**誤り。**土地区画整理事業の施行者は、換地処分を行う前において、換地計画に基づき換地処分を行うため必要がある場合においては、施行地区内の宅地について仮換地を指定することができる（土地区画整理法98条1項）。この場合において、施行者である土地区画整理組合は、その仮換地の指定について都道府県知事の認可を受けなければならないとはされていない。

3　**誤り。**換地計画において定められた換地は、換地処分の公告があった日の「翌日」から従前の宅地とみなされ、換地計画において換地を定めなかった従前の宅地について存する権利は、換地処分の公告があった日が終了した時において消滅する（土地区画整理法104条1項）。

4　**誤り。**仮換地が指定された場合においては、従前の宅地について権原に基づき使用し、又は収益することができる者は、仮換地の指定の効力発生の日から換地処分の公告がある日まで、仮換地について、従前の宅地について有する権利の内容である使用又は収益と同じ使用又は収益をすることができる。なお、従前の宅地については、使用し、又は収益することはできなくなる（土地区画整理法99条1項）。したがって、移転するのは、使用収益権だけであり、処分権限は従前の宅地に残る。

【問21】 正解1

難易度	重要度
★★	A

1　**正しい。**遺産の分割によって農地を取得する場合は、農地法3条の許可を要しない（農地法3条1項12号）。しかし、遅滞なく、農業委員会にその旨を届け出なければならない（農地法3条の3）。

2　**誤り。**民事調停法による農事調停により農地の所有権を移転する場合には、農地法3条1項の許可は不要である（農地法3条1項10号参照）。しかし、その農地を住宅用地に転用するには、市街化調整区域内の農地の場合、4条1項の許可が必要である。

3　**誤り。**法人（会社）の代表者が、その法人の業務に関し、農地法の規定に違反して転用行為をした場合は、その代表者を罰する（3年以下の懲役又は300万円以下の罰金）ほか、その法人に対しても罰金刑を科するが、この場合300万円以下でなく、1億円以下の罰金刑となる（農地法67条1号、64条）。

4　**誤り。**3条許可について、住所のある市町村の区域外の農地等について権利を取得する場合等には、都道府県知事が許可権者とされていたが、法改正により、これが削除され、農業委員会だけが3条の許可権者になった（農地法3条）。

【問22】 正解4

難易度	重要度
★	A

1　**誤り。**事後届出を要する行為は、①土地に関する所有権・地上権・賃借権又はこれらの権利の取得を目的とする権利を、②有償で移転又は設定する、③契約（予約も含む。）である。よって、抵当権の設定は、①に該当せず、事後届出は不要である。抵当権の実行としての土地の競売は、①～③に該当し、本来事後届出を要する行為に

あたるはずであるが、例外的に事後届出は不要とされている（国土利用計画法23条、同施行令17条）。

2 **誤り。**土地取引をして、市街化区域内の2,000㎡以上の一団の土地を取得した場合には事後届出を要するが、本肢のＤＥＦが取得した土地の面積は、それぞれ2,000㎡未満であり、事後届出は不要である（国土利用計画法23条）。

3 **誤り。**停止条件付きの売買契約の場合、その停止条件が成就した日から２週間以内に事後届出を行うのではなく、契約を締結した日から２週間以内に事後届出を行う（国土利用計画法23条１項）。

4 **正しい。**土地取引をして、市街化区域内の2,000㎡以上の一団の土地を取得した場合には、これにより権利を取得した者が事後届出をしなければならない。本肢のＨは、最終的に2,000㎡の一団の土地を取得したことになるので、個々の土地取引が届出対象面積未満でも、事後届出をしなければならない（国土利用計画法23条）。

【問23】 正解4

難易度	重要度
★★	A

1 **誤り。**不動産取得税の標準税率は、４％である（地方税法73条の15）。しかし、住宅又は土地の取得における不動産取得税の標準税率は、３％とする特例がある（地方税法附則11条の2第１項）。したがって、土地については、住宅用地か否かを問わず３％である。

2 **誤り。**宅地の取得に係る不動産取得税の課税標準は、当該土地の価格の「２分の１」の額とされる（地方税法附則11条の５第１項）。宅地の価格の４分の１の額ではない。

3 **誤り。**耐震基準適合既存住宅を取得した場合の課税標準の特例には、取得した個人が自己の居住の用に供することが適用要件となっている（地方税法73条の14第３項、同施行令37条の18）。本肢のように、賃貸の用に供するための場合は、適用されない。

4 **正しい。**委託者のみが信託財産の元本の受益者である信託により受託者から元本の受益者に信託財産を移す場合などの形式的所有権移転に対しては、不動産取得税を課することができない（地方税法73条の７第３号）。

【問24】 正解1

難易度	重要度
★	B

1 **正しい。**譲渡資産とされる家屋は、譲渡年の１月１日における所有期間が10年を超えるものであることが、適用要件である（租税特別措置法36条の２第１項）。

2 **誤り。**買換資産とされる家屋は、その床面積のうち当該個人が居住の用に供する部分の床面積が50㎡以上であることが、適用要件である（租税特別措置法36条の２第１項、同施行令24条の２第３項１号イ）。上限はない。

3 **誤り。**買換資産とされる家屋は、譲渡年の前年の１月１日から翌年の12月31日までの間に取得されることが、適用要件である（租税特別措置法36条の２第１・２項）。

4 **誤り。**譲渡資産とされる家屋については、平成26年の法律改正により、その譲渡に係る対価の額が１億円以下であることが適用要件となった（租税特別措置法36条の２第１項）。

【問25】 正解1

難易度	重要度
★	B

1 **正しい。**標準地の単位面積当たりの価格及び価格判定の基準日は公示事項である（地価公示法６条）。

2 **誤り。**土地鑑定委員会は、地価公示をしたときは、すみやかに、関係市町村の長に対して、公示した事項のうち当該市町村が属する都道府県に存する標準地に係る部分を記載した書面及び当該標準地の所在を表示する図面を送付し、送付を受けた関係市町村の長は、その図書を当該市町村の事務所において一般の閲覧に供しなければならない（地価公示法７条）。

3 **誤り。**公示される正常な価格とは、土地に建物等の定着物がある場合や借地権が存在する場合には、これらがないものとした価格、つまり、更地の価格をいう（地価公示法２条２項）。

4　誤り。不動産鑑定士は、公示区域内の土地について鑑定評価を行う場合において、当該土地の正常な価格を求めるときは、地価公示法６条の規定により公示された標準地の価格（公示価格）を規準としなければならない（地価公示法８条）。

【問 26】 正解１

難易度	重要度
★★	A

ア　誤り。宅地建物取引業者は、報酬限度額のほかに、依頼者の依頼による広告の料金に相当する額は、報酬に合算して受領できる（国土交通省告示第九）。本肢においては、Cの依頼によらない広告の料金であるので、報酬に合算してBから受領できない。

イ　正しい。居住用建物以外の貸借の媒介に関して、依頼者双方から受ける報酬の合計額は 1.1 か月分以内であれば、依頼者のそれぞれ一方から受ける報酬額、割合については特段の規制はない（国土交通省告示第四前段、宅地建物取引業法の解釈・運用の考え方）。

ウ　誤り。宅地代金 5,000 万円（非課税）＋建物代金 5,000 万円（税抜き価格）＝１億円を報酬計算の基礎とする。Cは、消費税の課税事業者であるから、（１億円×３％＋６万円）に「10%」を上乗せした 336 万 6,000 円がトータルでの報酬限度額となる。

以上より、正しいものはイの一つであり、正解は１となる。

【問 27】 正解３

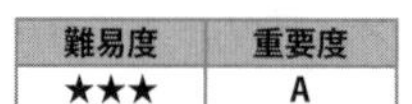

難易度	重要度
★★★	A

1　正しい。宅地建物取引士の登録を受けている者は、当該登録をしている都道府県知事の管轄する都道府県以外の都道府県に所在する宅地建物取引業者の事務所の業務に従事し、又は従事しようとするときは、当該事務所の所在地を管轄する都道府県知事に対し、当該登録をしている都道府県知事を経由して、登録の移転の申請をすることが「できる」（宅地建物取引業法 19 条の２本文）。

2　正しい。法人が不正の手段により免許を取得したとして、免許を取り消された場合、当該取消しに係る聴聞の期日及び場所の公示の日前 60 日以内にその法人の「役員」であった者であれば、当該取消しの日から５年を経過しないものは、登録を受けることができない（宅地建物取引業法 18 条１項３号）。役員ではない従業者であった者は、登録を受けられる。

3　誤り。登録の移転の申請とともに宅地建物取引士証の交付の申請があったときは、移転後の都道府県知事は、移転前の宅地建物取引士証の有効期間が経過するまでの期間を有効期間とする宅地建物取引士証を交付しなければならない（宅地建物取引業法 22 条の２第５項）。

4　正しい。傷害罪により罰金の刑に処せられたことにより登録を消除された宅地建物取引士は、その刑の執行を終わり、又は執行を受けることがなくなった日から５年を経過するまでは、新たに登録を受けることができない（宅地建物取引業法 18 条１項７号）。消除された日から５年ではないことに注意。

【問 28】 正解１

難易度	重要度
★★	A

ア　誤り。変更の届出が必要になるのは、商号又は名称、役員（個人の場合はその個人）の氏名及び政令で定める使用人の氏名、事務所の名称及び所在地、事務所ごとに置かれる専任の宅地建物取引士の氏名に変更があった場合である（宅地建物取引業法９条、８条２項）。専任の宅地建物取引士の住所に変更があったに過ぎないときには、変更の届出は必要ない。

イ　正しい。廃業等の届出が必要になるのは、死亡、合併による消滅、破産手続開始の決定、解散、廃業（宅地建物取引業の廃止）の５つの場合である（宅地建物取引業法 11 条１項）。法人が合併により消滅した場合、消滅した法人の代表役員であった者が、30 日以内にその旨を免許権者に届け出なければならない（宅地建物取引業法 11 条１項２号）。

ウ　正しい。役員の氏名に変更があった場合には、変更の届出が必要である（宅地建物取引業法９

条、8条2項3号)。この場合の役員には、非常勤の者も含まれるし、代表権の有無も関係ない。

エ　**正しい。**破産手続開始の決定があった場合には、破産管財人が、30日以内にその旨を免許権者に届け出なければならない(宅地建物取引業法11条1項3号)。

以上より、誤っているものはアの一つであり、正解は肢1となる。

【問29】 正解2

難易度	重要度
★★★	A

ア　**誤り。**国土交通大臣の免許を受けた者が一の都道府県の区域内(甲県内)にのみ事務所を有することとなったときには、免許換えをしなければならないが、この免許換えの申請は、新しい免許権者(甲県知事)に直接申請する(宅地建物取引業法7条1項1号)。本肢において、国土交通大臣を経由するとしている点が誤っている。

イ　**正しい。**試験に合格した者で、2年以上の実務の経験を有するもの又は登録実務講習を修了等したものは、当該試験を行った都道府県知事に対し、登録の申請をすることができる(宅地建物取引業法18条1項、同施行規則13条の15、13条の16)。よって、甲県で行なわれた試験に合格後、別の乙県に転居したとしても、登録の申請は、甲県知事に対してする必要がある。

ウ　**正しい。**甲県知事免許を有する者が、甲県の事務所を廃止し、乙県で新たに事務所を設置する場合には、乙県知事へ免許換えをしなければならないが、事業を廃止するわけではないので甲県知事へ廃業の届出を行う必要はない(宅地建物取引業法7条1項2号、11条)。

エ　**誤り。**宅地建物取引士証が交付された後、登録の移転があったときは、当該宅地建物取引士証は、その効力を失う(宅地建物取引業法22条の2第4項)。よって、たとえ有効期間が満了していなくても、既に無効となった宅地建物取引士証を用いて宅地建物取引士としての事務を行なうことはできない。

したがって、正しい内容の組合せは、イウであり、正解は肢2となる。

【問30】 正解4

難易度	重要度
★	A

1　**誤り。**宅地建物取引業者は、一般媒介契約の場合であっても、宅地又は建物の売買又は交換の媒介の契約を締結したときは、遅滞なく、法34条の2第1項の規定に基づく書面(媒介契約書面)を交付しなければならない(宅地建物取引業法34条の2第1項)。

2　**誤り。**宅地建物取引業者は、宅地又は建物を売買すべき価額又は評価額について意見を述べるときは、その根拠を明らかにしなければならない(宅地建物取引業法34条の2第2項)。一般媒介契約の場合であっても、根拠を明らかにしなければならない。

3　**誤り。**媒介契約を締結した宅地建物取引業者は、当該媒介契約の目的物である宅地又は建物の売買又は交換の申込みがあったときは、「遅滞なく」その旨を依頼者に報告しなければならない(宅地建物取引業法34条の2第8項)。申込みがあった日から2週間以内ではない。

4　**正しい。**宅地建物取引業者は、専属専任媒介契約を締結したときは、契約の相手方を探索するため、契約の締結の日から5日以内(休業日は含めない)に、一定事項を指定流通機構に登録しなければならない(宅地建物取引業法34条の2第5項、同施行規則15条の10)。休業日を含めて5日目ということは、休業日を含めないで5日以内であるので法に違反しない。

【問31】 正解2

難易度	重要度
★	A

1　**正しい。**宅地建物取引業者は、依頼者の依頼によらずに行う広告の料金に相当する額を受領することはできない(宅地建物取引業法の解釈・運用の考え方46条1項関係1(6)①)。

2　**誤り。**宅地建物取引業者は、宅地の造成又は建物の建築に関する工事の完了前においては、当該工事に関し必要とされる都市計画法の開発許可、建築基準法の建築確認その他法令に基づく許可等の処分で政令で定めるものがあった後でなければ、当該工事に係る宅地又は建物の売買その他の業務に関する広告をしてはならない（宅地建物取引業法 33 条）。

3　正しい。宅地建物取引業者が免許を取り消されたときであっても、当該宅地建物取引業者が締結した契約に基づく取引を結了する目的の範囲内においては、なお宅地建物取引業者とみなされる（宅地建物取引業法 76 条）。当該規定は、免許取消前に契約を締結している場合に適用があり、広告をしているにすぎない場合には適用がない。

4　正しい。宅地建物取引業者は、宅地又は建物の売買、交換又は貸借に関する広告をするときは、取引態様の別を明示しなければならない（宅地建物取引業法 34 条 1 項）。広告を数回に分けて行う場合においても、各回ごとに明示しなければならない。

【問 32】 正解 1

難易度	重要度
★★	A

1　正しい。営業保証金を有価証券をもって供託した場合において、当該有価証券の償還期の到来等により、従前の供託物に代わる新たな供託物を供託した後、従前の供託物の取戻しをすることができる（宅地建物取引業法の解釈・運用の考え方 25 条 4 項関係）。この場合において、宅地建物取引業者は、遅滞なく、新たに供託した旨を免許権者に届け出なければならない（営業保証金の変換の届出　宅地建物取引業法施行規則 15 条の 4 の 2）。なお、営業保証金は、国債証券については、額面金額の全額が認められるが、地方債証券については、額面金額の 90% しか認められないため（宅地建物取引業法施行規則 15 条 1 項）、地方債証券 900 万円と金銭 100 万円を供託している点は正しい。

2　誤り。宅地建物取引業者は、事業の開始後新たに事務所を設置したときは、当該事務所につき政令で定める額（500 万円）の営業保証金を供託し（宅地建物取引業法 26 条 1 項）、その旨を免許権者に届け出た後でなければ、当該事務所において事業を開始してはならない（宅地建物取引業法 26 条 2 項、25 条 4・5 項）。しかし、この場合において、設置してから 2 週間以内という期間の制限はない。

3　誤り。宅地建物取引業者は、営業保証金について債権の弁済を受ける権利を有する者がその権利を実行したため、営業保証金が政令で定める額に不足することとなったときは、免許権者から通知を受けた日から 2 週間以内にその不足額を供託しなければならない（宅地建物取引業法 28 条 1 項、宅地建物取引業者営業保証金規則 4 条）。これに違反した場合には、業務停止処分事由に該当し、さらに情状が特に重いときには、免許を取り消される（宅地建物取引業法 65 条 2 項 2 号、66 条 1 項 9 号）。本肢において、不足が生じた日としている点、1 週間以内としている点で誤り。

4　誤り。宅地建物取引業者は、主たる事務所の移転により、最寄りの供託所が変更した場合、金銭のみで供託しているときに限り、変更前の供託所に対し、変更後の供託所への保管替えの請求をすることができる（宅地建物取引業法 29 条 1 項）。よって、一部でも有価証券で供託していた場合には、保管替え請求ができない。

【問 33】 正解 1

難易度	重要度
★	A

ア　正しい。帳簿の備付け義務（宅地建物取引業法 49 条）を怠ったら、50 万円以下の罰金に処せられる（宅地建物取引業法 83 条 1 項 4 号）。

イ　正しい。宅地建物取引業者の従業者は、取引の関係者から請求があったときは、従業者証明書を必ず提示しなければならない（宅地建物取引業法 48 条 2 項）。

ウ　誤り。従業者名簿の保存期間は、最終の記載をした日から 10 年間である（宅地建物取引業法施行規則 17 条の 2 第 4 項）。従業者名簿を事務所ごとに備えるという点は正しい（宅地建物取引業法 48 条 3 項）。

エ　正しい。宅地建物取引業者は、その事務所ごとに、その業務に関する帳簿を備え、宅地建物取引業に関し取引のあったつど、一定事項を記載し（宅地建物取引業法 49 条）、各事業年度の末日をもって閉鎖し、閉鎖後５年間（当該宅地建物取引業者が自ら売主となる新築住宅に係るものにあっては、10 年間）保存しなければならない（宅地建物取引業法施行規則 18 条３項）。しかし、当該帳簿については、従業者名簿とは異なり、取引の関係者から請求があったときでも、その者の閲覧に供する義務はない（宅地建物取引業法 48 条４項、49 条）。

以上から、誤っているものはウの一つであり、正解は肢１となる。

【問 34】 正解 3

難易度	重要度
★	A

1　誤り。宅地建物取引業者は、35 条書面の交付に際して、宅地建物取引士をして、当該書面に記名をさせ、その内容を説明させなければならない（宅地建物取引業法 35 条１項、５項）。また、宅地建物取引業者は、37 条書面の交付に際して、宅地建物取引士をして、当該書面に記名をさせなければならない（宅地建物取引業法 37 条１項、３項）。しかし、専任の宅地建物取引士にさせなければならないとしていない。

2　誤り。宅地建物取引業者は、買主に対して、35 条書面を交付して、その内容を説明しなければならないが（宅地建物取引業法 35 条１項）、買主が宅地建物取引業者であれば省略することができる（宅地建物取引業法 35 条６項）。これは、承諾がなくても省略することができる。

3　正しい。電磁的方法により 35 条書面を提供する場合は、相手方に電子書面の保存の必要性や保存方法について説明しなければならない（宅地建物取引業法の解釈・運用の考え方 35 条８項関係３（４））。

4　誤り。宅地建物取引業者は、売買契約が成立するまでの間に、宅地建物取引士をして、35 条書面を交付して説明をさせなければならず（宅地建物取引業法 35 条１項）、当該規定に違反した場合、業務停止処分を受けることがある（宅地建物取引業法 65 条２項２号）。そして、複数の宅地建物取引業者による共同媒介の場合においては、ともに業者に説明・交付義務があるため、たとえ一つの宅地建物取引業者が調査し記入した内容に誤りがあっても、すべての業者が業務停止処分を受けることがある。

【問 35】 正解 1

難易度	重要度
★★★	A

ア　正しい。一定の事由に該当し、「免許取消処分」の聴聞の期日及び場所が公示された日から当該処分をする日又は当該処分をしないことを決定する日までの間に相当の理由なく廃業の届出をした者で、当該届出の日から５年を経過しないものは、免許を受けることができない（宅地建物取引業法５条１項３号）。よって、本肢は、「業務停止処分」の聴聞の期日等の公示の場合であり、当該規定には当てはまらず、他の欠格要件がある場合を除いて５年経過しなくても免許を受けられる。

イ　正しい。破産手続開始の決定を受けて復権を得ないものは免許を受けることができない（宅地建物取引業法５条１項１号）。この場合、破産者は復権を得れば直ちに免許を受けられるのであり、５年の経過を待つ必要はない。

ウ　正しい。営業に関し成年者と同一の行為能力を有しない未成年者でその法定代理人が免許欠格事由に該当する場合は、当該未成年者は免許を受けることができない（宅地建物取引業法５条１項 11・５号）。ちなみに、営業に関し成年者と同一の行為能力を有する未成年者であるなら、法定代理人の免許欠格事由は判断する必要はない。

エ　誤り。法人でその役員又は政令で定める使用人のうちに宅地建物取引業法に違反したことにより罰金の刑に処せられ、その刑の執行を終わった日から５年を経過しない者がいる場合は、当該法人は免許を受けることができない（宅地建物取引業法５条１項 12・６号）。判断基準となるのは、役員又は政令で定める使用人であって、専任の宅地建物取引士ではない。

以上より、誤っているものはエの１つであり、肢

1が正解となる。

【問36】 正解1

難易度	重要度
★	A

ア　誤り。住宅性能評価を受けた新築住宅であるときはその旨を、建物の売買・交換の場合には重要事項として説明しなければならないが、貸借の場合は説明不要である（宅地建物取引業法35条1項14号、同施行規則16条の4の3第6号）。

イ　誤り。建物の貸借の契約については、津波防災地域づくりに関する法律23条1項、52条1項（行為の届出等）、58条（指定避難施設に関する届出）及び68条（管理協定の効力）に規定する概要の説明は不要である（宅地建物取引業法35条1項2号、同施行令3条1項20号の2、3項）。これに対して、当該建物が津波防災地域づくりに関する法律53条1項により指定された津波災害警戒区域内にあるときは、その旨は説明事項である（宅地建物取引業法35条1項14号、同施行規則16条の4の3第3号）。

ウ　誤り。私道に関する負担については、建物の貸借の場合のみ説明不要とされている（宅地建物取引業法35条1項3号）。

エ　正しい。建物の貸借の場合においても、土砂災害警戒区域内にあるときはその旨を重要事項として説明しなければならない（宅地建物取引業法35条1項14号、同施行規則16条の4の3第2号）。

以上より、正しいものはエの一つであり、正解は肢1となる。

【問37】 正解2

難易度	重要度
★★	A

1　正しい。宅地建物取引業者は、区分所有建物の売買をする場合において、共用部分に関する規約の定め（その案を含む。）があるときは、その内容、計画的な維持修繕のための費用の積立てを行う旨の規約の定め（その案を含む。）があるときは、その内容及び既に積み立てられている額は、それぞれ重要事項として説明しなければならない（宅地建物取引業法35条1項6号、同施行規則16条の2第2・6号）。規約及び案のいずれもない場合には、それらの説明をしなくてもよい。

2　誤り。宅地建物取引業者は、区分所有建物の売買をする場合において、当該1棟の建物の計画的な維持修繕のための費用を特定の者にのみ減免する旨の規約の定め（その案を含む。）がある場合には、買主が当該減免対象者であるか否かにかかわらず、その内容を重要事項として説明しなければならない（宅地建物取引業法35条1項6号、同施行規則16条の2第5号）。

3　正しい。宅地建物取引業者は、区分所有建物の売買をする場合において、当該1棟の建物又はその敷地の一部を特定の者にのみ使用を許す旨の規約の定め（その案を含む。）があるときは、その内容を重要事項として説明しなければならないが（宅地建物取引業法35条1項6号、同施行規則16条の2第4号）、その使用者の氏名及び住所までは説明する必要はない。

4　正しい。宅地建物取引業者は、区分所有建物の売買をする場合において、当該1棟の建物の維持修繕の実施状況が記録されているときには、その内容は重要事項として説明しなければならない。しかし、その記録が保存されていないときは、その内容について説明する必要はない（宅地建物取引業法35条1項6号、同施行規則16条の2第9号）。

【問38】 正解4

難易度	重要度
★★	A

1　誤り。損害賠償額の予定についてなんら定めていない場合であれば、債務不履行に基づく損害賠償の請求について宅地建物取引業法上の規制はない。よって、原則どおり、Bは、発生した損害額を証明すれば、その金額につき賠償請求することができる。損害額の証明が不要となるものではなく、また、請求金額が代金の2割に相当する額に限られるものでもない。

2　誤り。手付金を交付していないのであれば、手付に関する宅地建物取引業法上の規制はない。

よって、Bは、たとえ代金の2割に相当する金額をAに交付しても、Aとの売買契約の解除をすることはできない。

3 **誤り。** 売主の契約不適合責任についてなんら定めていない場合であれば、契約不適合責任に関する宅地建物取引業法上の規制はない。この点、民法は、買主の追完請求権について、買主の責めに帰すべき事由があるときは、買主は履行の追完の請求をすることができないとしている（民法562条2項）。

4 **正しい。** 賦払金の支払の義務が履行されない場合の契約の解除の方法についてなんら定めていない場合であっても、宅地建物取引業者は、自ら売主となる宅地又は建物の割賦販売の契約について賦払金の支払の義務が履行されない場合においては、30日以上の相当の期間を定めてその支払を書面で催告し、その期間内にその義務が履行されないときでなければ、賦払金の支払の遅滞を理由として、契約を解除し、又は支払時期の到来していない賦払金の支払を請求することができない（宅地建物取引業法42条1項）。

【問 39】 正解 1

難易度	重要度
★★★	A

1 **違反する。** 未完成物件の場合とは異なり、完成物件の場合、手付金等保全措置を講じていても、ＡＣ間で当該宅地を取得する契約（予約を含み、停止条件付きのものを除く。）が締結されていなければ、Aは、自ら売主として、宅地建物取引業者でないBと売買契約を締結することはできない（宅地建物取引業法33条の2）。

2 **違反しない。** Dから建物を取得する契約が予約契約であるときは、その予約完結権を行使するまでの間であっても、当該物件を取得できることが明らかなので、Aは、自ら売主として宅地建物取引業者ではないBと売買契約を締結することができる（宅地建物取引業法33条の2ただし書1号）。

3 **違反しない。** 宅地建物取引業者が自ら売主となる場合には、他人物売買や未完成物件の売買契約の締結は原則として禁止されるが、媒介や代理の場合は禁止されていない（宅地建物取引業法33条の2本文）。

4 **違反しない。** 宅地建物取引業者が自ら売主となる場合には、他人物売買や未完成物件の売買契約の締結は、原則として禁止されるが、媒介や代理の場合は禁止されていない（宅地建物取引業法33条の2本文）。また、宅地建物取引業者相互間（ＧＢ間）の取引についても、禁止はされない（宅地建物取引業法78条2項）。

【問 40】 正解 1

難易度	重要度
★★	A

1 **正しい。** クーリング・オフについて自ら売主業者が買主に告げるときに交付すべき書面には、クーリング・オフによる解除があったときは、売買契約の締結に際し、手付金その他の金銭が支払われているときは、遅滞なくその全額を返還することが記載されていなければならない（宅地建物取引業法37条の2第1項1号、同施行規則16条の6第6号）。

2 **誤り。** 宅地建物取引業者は、クーリング・オフに伴う損害賠償又は違約金を請求することはできない（宅地建物取引業法37条の2）。

3 **誤り。** クーリング・オフによる申込みの撤回等は書面で行うことが必要であり、電磁的方法による申込みの撤回等は認められていない（宅地建物取引業法37条の2第2項）。

4 **誤り。** 事務所以外で継続的に業務を行うことができる施設を有するもので専任の宅地建物取引士が置かれている場所は、クーリング・オフによる申込みの撤回等ができない「事務所等」に当たる（宅地建物取引業法37条の2第1項、同施行規則16条の5第1号イ）。

【問 41】 正解 4

難易度	重要度
★★	A

1 **誤り。** 宅地建物取引業保証協会の社員であることを理由として、手付金等の保全措置が軽減されるというようなことはない。

2 **誤り。** 手付金等の保全措置は、手付金等を受領する前に講じる必要がある（宅地建物取引業法

41条1項)。

3 誤り。建物の引渡しと引換えに受領する残代金は、保全措置を要する手付金等に該当せず(宅地建物取引業法41条1項)、その金額いかんに関わらず、保全措置を要しない。

4 正しい。手付金等の保全措置は、売買契約締結後、目的物の引渡し前までに支払われる代金に充当される金額の合計額に対して必要となる。よって、本肢では、中間金300万円のみならず手付金250万円についても保全措置が必要となる(宅地建物取引業法41条1項)。

【問42】 正解2

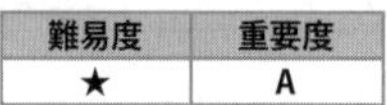

難易度	重要度
★	A

1 誤り。用途地域内の土地は、原則として宅地に該当する(宅地建物取引業法2条1号)。そして、転売目的で不特定多数の者から反復継続して宅地を購入する行為は、宅地建物取引業に該当する(宅地建物取引業法2条2号)。したがって、Aは免許を受ける必要がある。

2 正しい。宅地の売却の媒介を業として行うことは、宅地建物取引業に該当する(宅地建物取引業法2条2号)。このことは、媒介の依頼者が、宅地建物取引業法の適用を受けない国・地方公共団体であっても同様である。したがって、Bは免許を受ける必要がある。

3 誤り。Cが行っていることは、建設業であり、宅地建物取引業には該当しない(宅地建物取引業法2条2号参照)。したがって、Cは免許を受ける必要はない。

4 誤り。用途地域内の土地は、原則として宅地に該当する(宅地建物取引業法2条1号)。本肢の場合、工業専用地域内の土地であることから、宅地に該当する。

【問43】 正解1

難易度	重要度
★	A

1 誤り。免許の更新の申請があった場合において、免許の有効期間の満了の日までにその申請について処分がなされないときは、従前の免許は、有効期間の満了後もその処分がなされるまでの間は、なお効力を有する(宅地建物取引業法3条4項)。

2 正しい。2以上の都道府県に事務所を設置する場合は、国土交通大臣免許が必要となり、1の都道府県に事務所を設置する場合は、都道府県知事免許が必要となる。これらの場合において、本店は、宅地建物取引業を営まなくても、支店が宅地建物取引業を営む限り、宅地建物取引業法上の事務所となり、支店は、宅地建物取引業を営む場合に事務所となる(宅地建物取引業法3条1項、同施行令1条の2、宅地建物取引業法の解釈・運用の考え方3条1項関係1)。よって、Bは、甲県と乙県に事務所を設置することになり、国土交通大臣の免許が必要となる。

3 正しい。都道府県知事免許か、国土交通大臣免許かは、事務所が、1の都道府県に設置されるか、2以上の都道府県に設置されるかによる(宅地建物取引業法3条1項)。案内所の設置は、免許の種類に影響しない。よって、Cは、免許換えの申請をする必要はない(宅地建物取引業法7条1項)。

4 正しい。免許の有効期間満了後も引き続き宅地建物取引業を営もうとする者は、免許の有効期間満了の日の90日前から30日前までの間に免許申請書を提出しなければならない(宅地建物取引業法3条3項、同施行規則3条)。

【問44】 正解2

難易度	重要度
★	A

ア 誤り。保証協会は、弁済業務保証金準備金を弁済業務保証金に充てて、なお不足するときは、その不足額に充てるため、全社員に対し、弁済業務保証金分担金の額に応じ、特別弁済業務保証金分担金を納付すべきことを通知しなければならない(宅地建物取引業法64条の12第3項)。この通知を受けた社員は、通知を受けた日から「1か月以内」に、特別弁済業務保証金分担金を保証協会に納付しなければならず(宅地建物取引業法64条の12第4項)、納付しないときは社員の地位を失う(宅地建物取引業法64条の12第5項、64条の10第3項)。

イ 正しい。宅地建物取引業者が、保証協会の社員の地位を失ったときは、その日から１週間以内に、営業保証金を主たる事務所の最寄りの供託所に供託しなければならない（宅地建物取引業法64条の15、64条の10第３項）。

ウ　正しい。保証協会は、弁済業務保証金の還付があったときは、当該還付に係る社員又は社員であった者に対し、当該還付額に相当する額の還付充当金を保証協会に納付すべきことを通知しなければならない（宅地建物取引業法64条の10第１項）。

エ　誤り。保証協会に加入している宅地建物取引業者は、弁済業務保証金分担金を納付した後に、新たに事務所を設置したときは、その日から「２週間以内」に、政令で定める額の弁済業務保証金分担金を当該保証協会に納付しないときは、社員の地位を失う（宅地建物取引業法64条の9第２・３項）。

以上より、誤っているものはア、エの二つであり、正解は肢２となる。

【問45】 正解２

難易度	重要度
★★★	A

1　正しい。供託宅地建物取引業者は、自ら売主となる新築住宅の買主に対し、当該新築住宅の売買契約を締結するまでに、その住宅販売瑕疵担保保証金の供託をしている供託所の所在地その他住宅販売瑕疵担保保証金に関し国土交通省令で定める事項について、これらの事項を記載した書面（買主の承諾を得て電磁的方法により提供する場合を含む。）を交付して説明しなければならない（特定住宅瑕疵担保責任の履行の確保等に関する法律15条）。

2　誤り。宅地建物取引業者は、毎年、基準日から３週間を経過する日までの間において、基準日前10年間に自ら売主となる売買契約に基づき買主に引き渡した新築住宅について、当該買主に対する特定住宅販売瑕疵担保責任の履行を確保するため、住宅販売瑕疵担保保証金の供託をしていなければならない（特定住宅瑕疵担保責任の履行の確保等に関する法律11条１項）。この供託義務は、営業保証金を供託していたとしても、免除されない。

3　正しい。新築住宅を引き渡した宅地建物取引業者は、基準日ごとに、当該基準日に係る住宅販売瑕疵担保保証金の供託及び住宅販売瑕疵担保責任保険契約の締結の状況について、基準日から３週間以内に、国土交通省令で定めるところにより、その免許を受けた国土交通大臣又は都道府県知事（信託会社等にあっては、国土交通大臣）に届け出なければならない（特定住宅瑕疵担保責任の履行の確保等に関する法律12条１項、同施行規則16条）。

4　正しい。宅地建物取引業者は、その事務所ごとに、その業務に関する帳簿を備え、宅地建物取引業に関し取引のあったつど、その年月日、その取引に係る宅地又は建物の所在及び面積その他国土交通省令で定める事項を記載しなければならない（宅地建物取引業法49条）。また、宅地建物取引業者は、帳簿（ファイル又は磁気ディスクを含む。）を各事業年度の末日をもって閉鎖するものとし、閉鎖後５年間（当該宅地建物取引業者が自ら売主となる新築住宅に係るものにあっては、10年間）当該帳簿を保存しなければならない（宅地建物取引業法施行規則18条３項）。

【問46】 正解１

難易度	重要度
★★	A

1　誤り。買取対象となる住宅ローンは、長期・固定金利の住宅ローンであることが要件である。金利については、その構成要素である①投資家に支払う利息、②機構の事業運営費、③金融機関の受取額（サービシングフィー）のうち、③の金融機関の受取額（サービシングフィー）が取扱金融機関ごとに独自の判断で決定されるため、取扱金融機関ごとの金利は、必ずしも同一にはならない（機構ホームページメニュー「金融機関・事業者のみなさま―証券化支援業務（買取型）の概要」）。以上より、前半は正しいが、後半が誤り。

2　正しい。機構による買取りの対象となる貸付債権は、新築住宅の購入のための貸付債権に限定されておらず、中古住宅の購入のための貸付債権も含まれる（独立行政法人住宅金融支援機構法13条1項1号、機構ホームページメニュー「金融機関・事業者のみなさま—証券化支援業務（買取型）の概要」）。

3　正しい。機構は、金融機関から買い受けた住宅ローン債権を、信託銀行等に担保目的で信託して、住宅金融支援機構債券（住宅ローンを担保としたいわゆる資産担保証券（ＭＢＳ：Mortgage Backed Security））を発行し、その発行代金を投資家より受け取ることにより、資金を調達している（独立行政法人住宅金融支援機構法19条1項、機構ホームページメニュー「金融機関・事業者のみなさま—証券化支援業務（買取型）の概要」）。

4　正しい。住宅ローン債権の買取りの対象となる金融機関は、銀行、信用金庫、信用協同組合、農業協同組合、農林中央金庫、保険会社、法人である貸金業者等である（独立行政法人住宅金融支援機構法13条1項1号、同機構の業務運営並びに財務及び会計に関する省令20条、40条）。

【問47】 正解2

難易度	重要度
★★	A

1　正しい。建築基準法42条に規定する道路に2m以上接していない土地については、原則として「再建築不可」又は「建築不可」と明示する（不動産の表示に関する公正競争規約施行規則7条4号）。

2　誤り。おとり広告は禁止されている。すなわち、実際には取引する意思がない物件に関する表示をしてはならないのである（不動産の表示に関する公正競争規約21条3号）。よって、このような広告をすれば、たとえ物件が実際に存在していても、あるいは顧客が了承していても、その広告は不当表示となる。

3　正しい。温泉法による温泉については、温泉に加温した場合、その旨を明示して表示する（不動産の表示に関する公正競争規約施行規則9条26号ア）。

4　正しい。デパート、スーパーマーケット、コンビニエンスストア・商店等の商業施設は、現に利用できるものを物件からの道路距離又は徒歩所要時間を明示して表示する。ただし、工事中である等その施設が将来確実に利用できると認められるものにあっては、その整備予定時期を明示して表示することができる（不動産の表示に関する公正競争規約施行規則9条31号）。

【問48】 正解1

難易度	重要度
★★	A

1　正しい。令和6年地価公示（令和6年3月公表）によれば、令和5年1月以降の1年間の地価について住宅地を圏域別にみると、全国平均、三大都市圏平均、地方圏平均において、いずれも3年連続で上昇している。

2　誤り。令和4年度宅地建物取引業法の施行状況調査（国土交通省、令和5年10月公表）によれば、令和4年度末（令和5年3月末）現在の宅地建物取引業者数は、129,604業者となっており、9年連続の増加となった。

3　誤り。年次別法人企業統計調査（令和4年度。令和5年9月公表）によれば、令和4年度の不動産業の経常利益は約5兆9,392億円となっており、前年度比で2.0%減となった。

4　誤り。建築着工統計調査報告（令和5年計。令和6年1月公表）によれば、令和5年の新設住宅着工戸数は、819,623戸であり、前年比では約4.6%減となり、3年ぶりの減少となった。

【問49】 正解3

難易度	重要度
★	A

1　不適当である。自然堤防の背後に広がる低平地は、軟弱な地盤であることが多く、宅地には不向きである。

2　不適当である。樹木が生育する斜面地では、その根が土層と堅く結合しても、根より深い位置の斜面崩壊に対しては、樹木による安定効果を期待することはできない。

3　適当である。地震などのときに起きる液状化現象は、埋立地などで起こりやすい。これは水分を多く含んだ砂層の砂粒子が水中に浮遊したような状態になることをいい、地下水位が浅い場合に起こりやすい現象といえる。

4　**不適当である。**扇状地とは、河川によって形成され、谷口を頂点として平地に向かって扇状に開く半円錐形状の砂礫堆積地である。扇状地は、地盤の支持力はあるが、谷の出口に広がるため、土石流災害の危険がある。

【問 50】　正解 4

難易度	重要度
★	A

1　**不適当。**建物の柱、はりなどの剛性を高めて、耐力壁を多く配置し、その強度によって、地震に耐える構造は、耐震構造である。

2　**不適当。**建物の下部構造と上部構造との間に積層ゴムなどの免震装置を設置し、上部構造の揺れを減らす構造は、免震構造である。

3　**不適当。**制震ダンパーなどを設置し、建物が地震の周期に共振することで生ずる揺れを制御する構造は、制震構造である。

4　**適当。**既存不適格建築物の耐震補強として、制震構造や免震構造を用いることは、耐震改修促進法に基づく任意評価に係るものとなっている場合もあるので、制震構造や免震構造を用いることも可能である。

令和６年度
宅地建物取引士資格試験

予想模擬試験[第3回]

解答・解説

【難易度】

★　　… 易しい（正答率が60%以上と予想される問題）
★★　 … 標準　（正答率が40%以上60%未満と予想される問題）
★★★ … 難しい（正答率が40%未満と予想される問題）

【重要度】

A … 必ず理解・記憶しておくべき内容を問う問題
B … このレベルまでは理解・記憶しておきたい内容を問う問題
C … 余裕があれば、チャレンジしたい内容を問う問題

令和6年度　予想模擬試験［第3回］正解一覧表

【使い方】
1．問題ごとに、マークした解答を下記解答欄に書き込む。
2．正解と照らし合わせ、正誤欄に○× を付けていく。
3．正解一覧表の下にある点数表に自分の点数を科目ごとに書き込む。
4．点数が低い科目・分野については、解説を熟読する他、本シリーズのテキスト該当箇所を確認し、過去問題集及びオリジナル問題集の問題を解いて、解答力までチェックする。

科目	問題	難易度	重要度	項目	正解	解答	正誤
権利関係	1	★★★	B	物上代位（判決文）	2		
	2	★	A	不法行為	1		
	3	★★	B	危険負担	2		
	4	★	A	抵当権	3		
	5	★★★	C	委任・事務管理	1		
	6	★	B	条件	3		
	7	★★	A	契約不適合責任	1		
	8	★★	B	配偶者居住権(相続)	2		
	9	★★★	A	連帯債務・連帯保証	3		
	10	★★	A	無権代理	4		
	11	★★	A	借地	1		
	12	★★	A	借家	2		
	13	★★	A	区分所有法	1		
	14	★★★	B	不動産登記法	1		
法令上の制限	15	★★	B	地区計画	2		
	16	★	A	開発許可	3		
	17	★★	B	建築確認等	2		
	18	★★	B	建築基準法総合	3		
	19	★	B	その他の法令制限	3		
	20	★★	A	盛土規制法	4		
	21	★★★	B	土地区画整理法	3		
	22	★★	A	農地法	2		
税・価格	23	★	A	固定資産税	2		
	24	★	B	登録免許税	4		
	25	★★	B	不動産鑑定評価基準	2		

科目	問題	難易度	重要度	項目	正解	解答	正誤
宅地建物取引業法	26	★	A	クーリング・オフ	4		
	27	★★	B	担保責任についての特約の制限	1		
	28	★★	A	変更の登録・死亡等の届出等	1		
	29	★	A	媒介契約規制	2		
	30	★★	A	登録・宅地建物取引士証	1		
	31	★★	B	罰則	2		
	32	★	A	営業保証金	2		
	33	★★	A	重要事項の説明	2		
	34	★	A	手付・賠償予定額の制限	3		
	35	★	A	手付金等の保全措置	4		
	36	★★	A	報酬	4		
	37	★★	A	案内所等の届出	4		
	38	★	A	その他の業務規制	2		
	39	★★	A	37条書面	1		
	40	★★	A	保証協会	3		
	41	★★	A	35条書面・37条書面	2		
	42	★★	B	重要事項の説明	2		
	43	★	A	誇大広告の禁止	1		
	44	★★	B	監督処分	3		
	45	★★★	A	履行確保法	4		
免除科目	46	★★	B	住宅金融支援機構	4		
	47	★★	B	景表法（表示規約）	1		
	48	★★	A	不動産に関する統計	3		
	49	★	A	土地	3		
	50	★★	B	建物	4		

科目	権利関係（1～14）	法令制限（15～22）	税・価格（23～25）	宅建業法（26～45）	免除科目（46～50）	合計
点数	/14	/8	/3	/20	/5	/50

【問1】 正解2

難易度	重要度
★★★	B

1 **正しい。**民法372条が準用する民法304条は、物上代位の要件として「払渡し又は引渡し」の前に「差押え」をすることとしている。これは、第三債務者がその債権者である抵当権設定者に弁済をしても債務消滅の効果を抵当権者に対抗できないという不安定な地位に置かれる危険があるため、「差押え」を要求したものである。かかる趣旨からすれば、「払渡し又は引渡し」に債権譲渡は含まれない(判例)。本肢では、債権譲渡前に抵当権設定登記がなされている以上、BがCに優先する。

2 **誤り。**判決文によれば、動産売買の先取特権者は、物上代位の目的債権が譲渡され、第三者に対する対抗要件が備えられた後においては、目的債権を差し押さえて物上代位権を行使することはできない。したがって、動産売買の先取特権者であるAは、債権の譲受人であるDに劣後する。

3 **正しい。**一般債権者の差押えと抵当権者の物上代位権に基づく差押えが競合した場合には、両者の優劣は、一般債権者の申立てによる差押命令の第三債務者への送達と抵当権設定登記の先後によって決せられる(判例)。本肢では、Bの抵当権設定登記より前に一般債権者Cの申立てによる差押命令が送達されているので、Cが、Bに優先する。

4 **正しい。**物上代位と債権の転付命令が競合した場合、転付命令の送達と物上代位に基づく差押えの先後によって優劣が決せられる(判例)。本肢では、転付命令の送達が先であるため、Cが、Bに優先する。

【問2】 正解1

難易度	重要度
★	A

1 **誤り。**共同不法行為者が負担する各損害賠償債務は、連帯債務と同様の関係になり、加害者の1人に対する履行の請求は他の共同不法行為者に影響を与えない(判例)。

2 **正しい。**土地工作物の現在の所有者は、その設置又は保存による瑕疵が前の所有者の所有していた際に生じたものであっても、土地工作物責任を負う(民法717条1項、判例)。

3 **正しい。**不法行為によって生命を侵害された被害者の父母、配偶者及び子は、精神上の苦痛などの精神的損害について自己固有の損害賠償請求権を取得する(民法711条)。なお、これらの者が被害者の相続人であるときは、さらに被害者自身の損害賠償請求権も相続により取得する(民法896条)。

4 **正しい。**不法行為による慰謝料請求権は、被害者が生前に請求の意思を表明しなくても、当然に相続の対象となる(判例)。

【問3】 正解2

難易度	重要度
★★	B

1 **誤り。**家屋の引渡し前に、当事者双方の責めに帰することができない事由によって債務を履行することができなくなったときは、債権者(買主B)は、反対給付の履行(代金の支払い)を拒むことができる(民法536条1項)。

2 **正しい。**債権者(買主B)の責めに帰すべき事由によって債務を履行することができなくなったときは、債権者(買主B)は、反対給付の履行を拒むことができない(民法536条2項)。

3 **誤り。**売主Aが、その債務の履行が不能となったのと同一の原因により債務の目的物の代償である権利又は利益を取得したときは、買主Bは、その受けた「損害の額の限度において」、売主Aに対し、その権利の移転又はその利益の償還を請求することができる(民法422条の2)。「全部」の移転は請求できない。

4 **誤り。**売主Aに帰責事由がないため、債務不履行による損害賠償を請求できないときは、買主Bは、債務の履行に代わる損害賠償(填補賠償)を請求することはできない(民法415条2項)。填補賠償の請求は、債務不履行による損害賠償を請求できることを前提としているからである。

【問4】 正解3

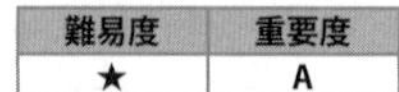

難易度	重要度
★	A

1 **誤り。**被担保債権が譲渡されれば、これに伴って抵当権も移転する。これを随伴性という。よって、抵当権の被担保債権を譲り受けた者は、被担保債権とともに抵当権を譲り受ける旨の契約を締結することなく、当該抵当権を取得する。

2 **誤り。**抵当権者は、債務者又は第三者が占有を移転しないで債務の担保に供した不動産について、他の債権者に先立って自己の債権の弁済を受ける権利であり、当該不動産の占有は設定後も抵当権設定者のもとにある（民法369条1項）。抵当権者は目的物を占有しない。

3 **正しい。**抵当権は、被担保債権の債務者の所有する不動産だけでなく、第三者の所有する不動産にも設定することができる（民法369条1項）。この第三者を物上保証人という。

4 **誤り。**主たる債務者、保証人及びこれらの者の承継人は、抵当権消滅請求をすることができない（民法380条）。しかし、抵当不動産の第三取得者は、抵当権消滅請求をすることができる（民法379条）。

【問5】 正解1

難易度	重要度
★★★	C

1 **正しい。**委任事務において、受任者は、委任事務を処理するのに必要と認められる費用を支出したときは、委任者に対し、その費用及び支出の日以後におけるその利息の償還を請求することができる（民法650条1項）。他方、事務管理では、管理者は本人のために有益な費用を支出したときは、本人に対し、その償還を請求することができる（民法702条1項）。

2 **誤り。**受任者は、委任の本旨に従い、善良な管理者の注意をもって、委任事務を処理する義務を負う（民法644条）。他方、事務管理では、管理者は、本人の意思に従い、本人の利益に適するように事務を管理しなければならず、緊急事務管理の場合を除いて、事務処理について善良な管理者の注意義務を負っている（民法697条、698条参照）。

3 **誤り。**受任者は、委任事務を処理するに当たって受け取った金銭その他の物を委任者に引き渡さなければならない（民法646条1項）。また、事務管理では当該規定を準用している（民法701条）。

4 **誤り。**受任者は、委任者の請求があるときは、いつでも委任事務の処理の状況を報告し、委任が終了した後は、遅滞なくその経過及び結果を報告しなければならない（民法645条）。また、事務管理でも、当該規定を準用している（民法701条）。

【問6】 正解3

難易度	重要度
★	B

1 **誤り。**停止条件付法律行為は、停止条件が成就した時からその効力を生ずる（民法127条1項）。したがって、Bは、Aが海外へ転勤することが決まったときに、甲不動産の所有権を取得する。なお、当事者が条件が成就した場合の効果をその成就した時以前にさかのぼらせる意思を表示したときは、その意思に従う（民法127条3項）が、本問では条件成就に関する特段の定めはないことから、さかのぼって甲不動産の所有権を取得するとする本肢は誤りとなる。

2 **誤り。**条件が法律行為の時に既に成就していた場合において、その条件が停止条件であるときはその法律行為は無条件とし、その条件が解除条件であるときはその法律行為は無効とする（民法131条1項）。本問の契約は停止条件付売買契約であることから、本件契約を締結した時点で、既にAが海外へ転勤することが決まっていた場合、本件契約は無条件で成立することとなる。

3 **正しい。**条件付法律行為の各当事者は、条件の成否が未定である間は、条件が成就した場合にその法律行為から生ずべき相手方の利益を害することができない（民法128条）。本肢のように、条件の成否が未定の間に甲不動産をCに売却し移転登記をする行為はBの利益を害するものであるため、BはAに対し不法行為に基づく損害賠償請求をすることができる（民法709条）。

4　誤り。条件の成否が未定である間における当事者の権利義務は、一般の規定に従い、処分し、相続し、若しくは保存し、又はそのために担保を供することができる（民法129条）。したがって、DはBの買主としての地位を承継することができるため、条件が成就した場合には、甲不動産の所有権を取得することができる。

【問7】 正解1

難易度	重要度
★★	A

1　正しい。売主は、買主に不相当な負担を課するものでないときは、買主が請求した方法と異なる方法による履行の追完をすることができる（売主の追完権、民法562条1項ただし書）。

2　誤り。買主は、原則として、相当の期間を定めて履行の追完の催告をし、その期間内に履行の追完がないときでなければ、代金の減額を請求することができない（民法563条1項）。なお、催告が無意味又は不可能な場合は、追完の催告をすることなく、直ちに代金の減額を請求することができる（民法563条2項）。

3　誤り。売買の目的物が契約の内容に適合しない場合、買主は、売主に対して、債務不履行の一般の規定に従って、損害賠償の請求ができる（民法564条、415条）。しかし、売主に帰責事由がないときは、買主は損害賠償を請求することができない（民法415条1項ただし書）。

4　誤り。目的物の品質に関して不適合があった場合、買主は、その不適合を知った時から1年以内にその旨を売主に通知しないときは、契約不適合を理由として、履行の追完の請求、代金の減額の請求、損害賠償の請求及び契約の解除をすることができない（民法566条本文）。ただし、売主が引渡しの時に、本件契約不適合について悪意又は善意有重過失であるときは、買主は、このような期間制限を受けない（民法566条ただし書参照）。

【問8】 正解2

難易度	重要度
★★	B

1　誤り。配偶者居住権の存続期間は、遺産分割協議若しくは遺言に別段の定めがあるとき、又は家庭裁判所が遺産の分割の審判において別段の定めをしたときを除き、終身の間である（民法1030条）。したがって、遺産分割協議で存続期間を別に定めることもでき、その場合にはその定めた期間が存続期間となる。

2　正しい。配偶者は、居住建物の所有者の承諾を得なければ、居住建物の改築若しくは増築をし、又は第三者に居住建物の使用若しくは収益をさせることができない（民法1032条3項）。

3　誤り。配偶者居住権は、その登記をしたときは、居住建物の物権を取得した第三者にも対抗できる（民法1031条2項、605条）。登記が対抗要件であり、居住しているだけでは対抗できない。なお、居住建物の所有者は、配偶者に対し、配偶者居住権の設定の登記を備えさせる義務を負う（1031条1項）。

4　誤り。配偶者居住権は、譲渡することができない（民法1032条2項）。

【問9】 正解3

難易度	重要度
★★★	A

1　誤り。債務の承認には絶対効がないので、他の連帯債務者に対してその効力は生じない（民法441条本文）。他方、主たる債務者が債務の承認をしたことによる時効の更新は、保証債務の付従性により、連帯保証人にもその効力が生じる（民法457条1項）。前半も後半も誤り。

2　誤り。履行の請求には絶対効がないので、他の連帯債務者に対してその効力は生じない（民法441条本文）。同様に、連帯保証人への履行の請求は、主たる債務者に対してその効力は生じない（民法458条、441条）。後半は正しいが、前半が誤り。

3　正しい。他の連帯債務者の消滅時効が完成しても連帯債務者間で利益を受けることはないため（民法441条本文）、連帯債務者は、他の連帯債務者の時効による債務の消滅について正当の利益を有する者に該当しない（民法145条かっこ書）。したがって、連帯債務者は、他の連帯債務者の消滅時効を援用することはできない。他方、時効の利益の放棄の効力は、相対的であるから、放棄した者に限って援用権を失う（民法 146 条）。そして、連帯保証人は、主たる債務の消滅について正当の利益を有する者に該当するから、主たる債務者が時効の利益を放棄した場合でも、連帯保証人は主たる債務の消滅時効を援用することができる（民法 145 条かっこ書、判例）。前半も後半も正しい。

4　誤り。反対債権を有する連帯債務者が相殺を援用しない間は、その連帯債務者の負担部分の限度において、他の連帯債務者は、債権者に対して債務の履行を拒むことができる（民法 439 条 2 項）。また、主たる債務者が債権者に対して相殺権を有するときは、相殺権の行使によって主たる債務者がその債務を免れるべき限度において、保証人は、債権者に対して債務の履行を拒むことができる（民法 457 条 3 項）。前半は正しいが、後半が誤り。

【問 10】　正解 4

難易度	重要度
★★	A

1　誤り。相手方Cは、本人Bに対し、相当の期間を定めて、その期間内に追認をするかどうかを確答すべき旨の催告をすることができるが、本人Bがその期間内に確答をしないときは、「追認を拒絶」したものとみなされる（民法 114 条）。

2　誤り。無権代理人Aは、相手方Cの選択に従い、相手方Cに対して履行又は損害賠償の責任を負う（民法 117 条 1 項）。この場合、無権代理人Aが自己に代理権がないことを知っていたときは、相手方Cは、Aに代理権がないことを過失により知らなかったときでも、履行又は損害賠償の責任を追及することができる（民法 117 条 2 項 2 号）。

3　誤り。無権代理につき善意である相手方Cは、本人Bが追認をしない間は、契約を取り消すことができる（民法 115 条）。言い換えれば、すでに本人Bが追認しているときは、たとえCが善意無過失であっても、売買契約を取り消すことはできない。

4　正しい。本人Bが無権代理人Aを単独相続した場合は、無権代理行為は当然に有効とはならない（判例）。本人がもともと有していた追認拒絶権を行使することは、信義則に反するとはいえないからである。一方、本人Bは、無権代理人Aの責任をも相続しているので、相手方Cが無権代理について善意無過失であれば、本人Bは、追認拒絶によって履行を免れるとしても、Cに対し損害賠償の義務を負う（判例）。

【問 11】　正解 1

難易度	重要度
★★	A

1　正しい。借地権者が賃借権の目的である土地の上の建物を第三者に譲渡しようとする場合において、その第三者が賃借権を取得しても借地権設定者に不利となるおそれがないにもかかわらず、借地権設定者がその賃借権の譲渡を承諾しないときは、裁判所は、借地権者の申立てにより、借地権設定者の承諾に代わる許可を与えることができる（借地借家法 19 条 1 項前段）。よって、借地権者Bは、Cが甲地の賃借権を取得してもAに不利となるおそれがないにもかかわらず、Aがその賃借権の譲渡を承諾しないときは、裁判所に対しAの承諾に代わる許可をするよう申し立てることができる。

2　誤り。借地権は、その登記がなくても、土地の上に借地権者が登記されている建物を所有するときは、第三者に対抗できる（借地借家法 10 条 1 項）。この登記は、借地権者の名義でなければならない（判例）。よって、乙建物につき同居の長男名義の所有権の保存登記をしているBは、甲地につき賃借権の登記をしていない以上、Dに対し甲地の賃借権を対抗できない。

3　誤り。登記されている建物の滅失があっても、借地権者が、その建物を特定するために必要な事項等を土地の上の見やすい場所に掲示するときは、建物滅失の日から 2 年間は、借地権を第三者に対抗できる。しかし、滅失建物について借地権者名義の所有権の登記がされていなかった場合には、掲示による対抗要件の制度は認められない（借地借家法 10 条 2 項）。よって、乙建物が滅失したため、Bが借地借家法に規定する事項を甲地の上の見やすい場所に掲示したとしても、乙建物について未登記であった以上、Eに対し甲地の賃借権を対抗できない。

4 **誤り。** 土地賃借権の譲渡には、借地権設定者の承諾が必要であり、無断でなされた場合には、借地権設定者は借地権設定契約を解除することができる（民法612条）。しかるに、借地上建物の譲渡は、借地権の譲渡を伴う（民法87条2項、判例）。賃借地上の建物について所有権保存登記がなされても、土地賃借権の譲渡につき、借地権設定者の承諾が不要になるわけではない。

【問12】 正解2

難易度	重要度
★★	A

1 **誤り。** 一時使用が明らかな建物賃貸借には、借地借家法は適用されないのであるから、賃借人からではなく、賃貸人からの解約の申入れであっても、正当の事由は不要であり、また、解約の申入れをした後3か月後に建物賃貸借契約は終了する（借地借家法40条、民法617条1項2号）。

2 **正しい。** 一時使用が明らかな建物賃貸借には、借地借家法は適用されないので、賃貸人の側に正当の事由が存在しなくても、解約の申入れは可能である（借地借家法40条、民法617条1項前段）。また、黙示の更新がされ、期間の定めのない賃貸借となっているため、建物の明渡請求は、解約の申入れをした後3か月を経過してからでなければできない（民法617条1項2号）。

3 **誤り。** 一時使用が明らかな建物賃貸借には、借地借家法は適用されないので、借地借家法31条1項（建物の賃借権は、その登記がなくても、建物の引渡しがあったときは、その後その建物について物権を取得した者に対し、その効力を生ずる。）の適用はない。

4 **誤り。** 一時使用が明らかな建物賃貸借には、借地借家法は適用されないので、借地借家法33条（建物の賃借人が、賃貸人の同意を得て建物に付加した畳、建具その他の造作又は賃貸人から買い受けた造作については、賃貸借期間の満了又は解約の申入れによって賃貸借が終了するときに、賃貸人に時価で買い取るべきことを請求しうる。）の適用はない。なお、この造作買取請求権の規定は、任意規定であり、特約で排除できる（借地借家法37条、33条）。

【問13】 正解1

難易度	重要度
★★	A

1 **誤り。** 敷地利用権が数人で有する所有権その他の権利である場合には、区分所有者は、規約に別段の定めがあるときを除き、その有する専有部分とその専有部分に係る敷地利用権とを分離して処分することができない（建物の区分所有等に関する法律22条1項）。本肢は原則と例外が逆であり、誤り。

2 **正しい。** 区分所有者は、全員で、建物並びにその敷地及び附属施設の管理を行うための団体である管理組合を構成し、集会を開き、規約を定め、及び管理者を置くことができることになっており、管理組合の構成員となるか否かは各区分所有者の意思にゆだねられず、区分所有者であれば当然に管理組合の構成員になる（建物の区分所有等に関する法律3条）。

3 **正しい。** 区分所有者は、規約に別段の定めがない限り、集会の決議によって、管理者を選任し、又は解任することができる（建物の区分所有等に関する法律25条1項）。この決議は、規約に別段の定めがない限り、区分所有者及び議決権の各過半数による（建物の区分所有等に関する法律39条1項）。そして、この管理者を、区分所有者以外の者から選任することができる。

4 **正しい。** 規約は、管理者が保管しなければならない。ただし、管理者がないときは、建物を使用している区分所有者又はその代理人で規約又は集会の決議で定めるものが保管しなければならない（建物の区分所有等に関する法律33条1項）。

【問14】 正解1

難易度	重要度
★★★	B

1 **誤り。** 抵当権設定登記は、権利に関する登記で

ある。権利に関する登記では、原則として、登記権利者と登記義務者の双方で共同申請しなければならない（不動産登記法 60 条）。しかし、抵当権設定者は被担保債権の債務者の場合と物上保証人の場合がある（民法 372 条、351 条）。よって、債務者が常に登記義務者になるとは限らない。

2　正しい。登記の申請を共同してしなければならない者の一方に登記手続をすべきことを命ずる確定判決による登記は、当該申請を共同してしなければならない者の他方が単独で申請することができる（不動産登記法 63 条 1 項）。

3　正しい。登記名義人の氏名若しくは名称又は住所についての変更の登記又は更正の登記は、登記名義人が単独で申請することができる（不動産登記法 64 条 1 項）。

4　正しい。相続による権利の移転の登記は、登記権利者が単独で申請することができる（不動産登記法 63 条 2 項）。

【問 15】　正解 2

難易度	重要度
★★	B

1　誤り。地区計画の区域（地区整備計画が定められている区域に限る。）内において、土地の区画形質の変更、建築物の建築等を行おうとする者は、当該行為に「着手する日の 30 日前まで」に一定の事項を市町村長に届け出なければならない（都市計画法 58 条の 2 第 1 項）。当該行為の後 30 日以内ではない。

2　正しい。地区計画は、すべて市町村が定める（都市計画法 15 条 1 項参照）。

3　誤り。地区計画について、都市計画に定めなければならないのは、①地区計画等の種類、名称、位置及び区域、②地区施設、③地区整備計画である（都市計画法 12 条の 4 第 2 項、12 条の 5 第 2 項 1 号）。本肢の「区域の面積」については、定めるよう「努めるものとする。」とされている（都市計画法 12 条の 4 第 2 項）。したがって、区域の面積を定めなければならないとする本肢は誤りとなる。

4　誤り。地区計画は、用途地域が定められていない土地の区域についても、一定の場合には定めることができる（都市計画法 12 条の 5 第 1 項 2 号）。

【問 16】　正解 3

難易度	重要度
★	A

1　誤り。開発許可を受けた者は、開発行為に関する国土交通省令で定める軽微な変更をしたときは、遅滞なく、その旨を都道府県知事に「届け出」なければならない（都市計画法 35 条の 2 第 1・3 項）。工事の着手予定年月日又は工事の完了予定年月日の変更は、軽微な変更として挙げることができる（都市計画法施行規則 28 条の 4 第 3 号）。

2　誤り。開発許可を申請しようとする者は、あらかじめ、開発行為に関係がある公共施設（既存公共施設）の管理者と協議し、その同意を得なければならない（都市計画法 32 条 1 項）。

3　正しい。開発許可を受けた者から当該開発区域内の土地の所有権等を取得した者は、都道府県知事の承認を受けて、当該開発許可を受けた者が有していた当該開発許可に基づく地位を承継することができる（都市計画法 45 条）。

4　誤り。開発許可を受けた者は、開発行為に関する工事を廃止したときは、遅滞なく、その旨を都道府県知事に「届け出」なければならない（都市計画法 38 条）。都道府県知事の許可は不要である。

【問 17】　正解 2

難易度	重要度
★★	B

1　誤り。高さ 20 m をこえる建築物には、有効に避雷設備を設けなければならない。ただし、周囲の状況によって安全上支障がない場合においては、この限りでない（建築基準法 33 条）。

2　正しい。木造の建築物で 3 以上の階数を有し、又は延べ面積が 500㎡、高さが 13 m もしくは軒の高さが 9 m を超えるものを建築する場合は、都市計画区域の内外問わず、当該工事に着手する前に、確認済証の交付を受けた後でなければ、当該建築物の建築の工事に着手することができない（建築基準法 6 条 1 項 2 号、8 項）。

3　誤り。建築主は、階数が３以上である共同住宅の床及びはりに鉄筋を配置する工事の工程のうち、２階の床及びこれを支持するはりに鉄筋を配置する工事を終えたときは、建築主事の検査を申請しなければならない（建築基準法７条の３第１項１号、同施行令 11 条）。

4　誤り。建築物の用途を変更して特殊建築物とする場合であっても、類似の用途相互の関係にある場合は、確認が不要となり、博物館、美術館、図書館も、この類似の用途相互の関係に該当するが、これらの建築物が第一種・第二種低層住居専用地域内にある場合には、この限りではない（建築基準法 87 条、同施行令 137 条の 18）。

【問 18】 正解３

難易度	重要度
★★	B

1　誤り。建蔽率の限度が 10 分の８とされている地域内で、かつ、「防火地域内」にある耐火建築物等については、建蔽率の制限は適用されない（建築基準法 53 条６項１号）。確かに、商業地域の建蔽率の限度は、８/10 であるが（建築基準法 53 条１項４号）、準防火地域内にある耐火建築物等には、この建蔽率の制限の適用がなくなるとする規定の適用はない。

2　誤り。第一種・第二種低層住居専用地域又は田園住居地域では、10 m以下又は 12 m以下という厳しい高さ制限があるので（建築基準法 55 条１項）、隣地斜線制限の適用はない（建築基準法 56 条１項２号）。

3　正しい。第一種・第二種低層住居専用地域又は田園住居地域では、低層住宅に係る良好な住居の環境を保護するために必要な場合に外壁の後退距離の限度（１ｍ又は 1.5 ｍ）を定めることができる（都市計画法８条３項２号ロ）。そして、これが定められた場合には、建築物の外壁等から敷地境界線までの距離は、一定の例外の場合を除き、当該限度以上でなければならない（建築基準法 54 条１項）。

4　誤り。用途地域では、当該地域における市街地の環境を確保するために必要な場合に建築物の敷地面積の最低限度を定めることができる（都市計画法８条３項２号イ）。そして、これが定められた場合には、建築物の敷地面積は、一定の例外の場合を除き、当該最低限度以上でなければならないが、その最低限度は、200㎡を超えてはならない（建築基準法 53 条の２第１・２項）。

【問 19】 正解３

難易度	重要度
★	B

1　正しい。都市緑地法によれば、特別緑地保全地区内において、建築物の新築を行おうとする者は、原則として都道府県知事（市の区域内にあっては、当該市の長）の許可を受けなければならない（都市緑地法 14 条１項）。

2　正しい。港湾法によれば、港湾区域内において、港湾区域内の水域又は公共空地における土砂の採取をしようとする者は、原則として港湾管理者の許可を受けなければならない（港湾法 37 条１項）。

3　誤り。国土利用計画法による事後届出は、契約を締結した日から２週間以内に行わなければならない（国土利用計画法 23 条１項）。

4　正しい。文化財保護法によれば、重要文化財に関しその現状を変更し、又はその保存に影響を及ぼす行為をしようとするときは、原則として文化庁長官の許可を受けなければならない（文化財保護法 43 条１項）。

【問 20】 正解４

難易度	重要度
★★	A

1　誤り。都道府県知事は、宅地造成等工事規制区域「以外」の土地の区域であって、一定の場合に、特定盛土等規制区域を指定することができる（宅地造成及び特定盛土等規制法 26 条１項）。特定盛土等規制区域は宅地造成等工事規制区域内には指定できない。

2　誤り。特定盛土等規制区域内の宅地において行う盛土であって、高さ１ｍを超え、かつ、高さ２ｍ以下の崖を生ずることとなるものに関する工事については、一定の場合を除いて、工事主は、当該工事に着手する日の 30 日前までに、当該工事の計画を都道府県知事に届け出なければならない（宅地造成及び特定盛土等規制法27条１項）。14日前まででではない。なお、高さ２mを超える崖を生ずることとなる盛土に関する工事については、一定の場合を除いて、工事に着手する前に、都道府県知事の許可を受けなければならない（宅地造成及び特定盛土等規制法30条１項）。

3　誤り。都道府県知事は、この法律の目的を達成するために必要があると認めるときは、宅地造成に伴う災害で相当数の居住者等に危害を生ずるものの発生のおそれが大きい一団の造成宅地（宅地造成等規制区域の土地を除く）の区域であって政令で定める基準に該当するものを、造成宅地防災区域として指定することができる（宅地造成及び特定盛土等規制法45条１項）。造成宅地防災区域は、宅地造成等規制区域内には指定できない。

4　正しい。都道府県知事は、宅地造成等工事規制区域内及び特定盛土等規制区域内いずれの土地においても、その土地の所有者、管理者又は占有者に対して、当該土地又は当該土地において行われる工事の状況について報告を求めることができる（宅地造成及び特定盛土等規制法25条、44条）。

【問21】　正解3

難易度	重要度
★★★	B

1　誤り。宅地について所有権若しくは借地権を有する者又は宅地について所有権若しくは借地権を有する者の同意を得た者は、一人で、又は数人共同して、当該権利の目的である宅地について、土地区画整理事業を施行することができる（土地区画整理法３条１項）。

2　誤り。株式会社が土地区画整理事業を施行することができるための要件の一つである、地権者の総株主の議決権に占める割合は、過半数である（土地区画整理法３条３項３号）。

3　正しい。都道府県又は市町村は、施行区域の土地について土地区画整理事業を施行することができる（土地区画整理法３条４項）。

4　誤り。国土交通大臣は、施行区域の土地について、国の利害に重大な関係がある土地区画整理事業で災害の発生その他特別の事情により急施を要すると認められるもののうち、国土交通大臣が施行する公共施設に関する工事と併せて施行することが必要であると認められるもの又は都道府県若しくは市町村が施行することが著しく困難若しくは不適当であると認められるものについては自ら施行し、その他のものについては都道府県又は市町村に施行すべきことを指示することができる（土地区画整理法３条５項）。

【問22】　正解2

難易度	重要度
★★	A

1　誤り。４haを超える農地を農地以外のものに転用するにあたっては農林水産大臣の許可を要する制度は改正され、４条許可権者は、都道府県知事又は指定市町村長となった点で誤りであるが、そもそも市街化区域内の農地であれば、例外的に「農業委員会への届出」で足りるので（農地法４条１項８号）、誤りである。

2　正しい。転用目的で権利移動をしているので、農地法５条の許可が必要となる。そして、５条許可権者も、法改正により、農地の規模に関係なく、都道府県知事又は指定市町村長となった（農地法５条１項）。

3　誤り。農地法３条と５条の場合、権利移動が行われるので、無許可のときには、その効力が問題となる。この点につき、無許可で行った権利移動の効力は生じない（農地法３条６項、５条３項）。

4　誤り。一時使用の目的であれ、転用目的で権利の設定又は移転をするのであるから、農地法５条の許可が必要である（農地法５条１項）。

【問23】　正解2

難易度	重要度
★	A

1　誤り。固定資産税の標準税率は、1.4/100（1.4%）である（地方税法350条１項）。もっとも、市町村はその財政上その他の必要があると認める場合においては、条例で、標準税率と異なる税率を定めることができる（地方税法１条１項５号、３条１項）。

2　正しい。固定資産税の納税者は、その納付すべき当該年度の固定資産税に係る固定資産について固定資産課税台帳に「登録された価格」について不服がある場合には、固定資産課税台帳に登録すべき価格等のすべてを登録した旨を公示した日から納税通知書の交付を受けた日後３月を経過する日までに、文書をもって、固定資産評価審査委員会に審査の申出をすることができる（地方税法 432 条１項）。

3　誤り。土地又は家屋に対して課する固定資産税の課税標準は、①地目の変換、家屋の改築又は損壊その他これらに類する特別の事情、又は、②市町村の廃置分合又は境界変更がない限り、基準年度以後３年度間据え置かれる（地方税法 349 条２項）。このように見直しが行われるのは①の場合に限るわけではない。

4　誤り。家屋に対して課する固定資産税の納税者が、家屋価格等縦覧帳簿を縦覧することができるのは、毎年４月１日から、４月 20 日又は当該年度の最初の納期限の日のいずれか遅い日以後の日までの間である（地方税法 416 条１項）。いつでも縦覧することができるわけではない。

【問 24】　正解４

難易度	重要度
★	B

1　誤り。住宅用家屋の所有権の移転登記に係る登録免許税の税率の軽減措置は、個人が一定の住宅用家屋を取得し、当該個人の居住の用に供した場合に、当該住宅用家屋の所有権の移転の登記に適用される（租税特別措置法 73 条）。法人には適用されない。

2　誤り。この税率の軽減措置は、取得原因が売買又は競売に限られ、贈与により取得した場合には適用されない（租税特別措置法施行令 42 条３項）。

3　誤り。この税率の軽減措置の適用を受けるためには、やむを得ない事情がある場合を除き、その住宅用家屋の取得後１年以内に所有権の移転の登記を受けなければならない（租税特別措置法 73 条）。３月以内ではない。

4　正しい。この税率の軽減措置は、所有権の移転の登記に係る住宅用家屋の床面積が 50㎡以上の場合に適用されるものであり、50㎡未満の場合には適用されない（租税特別措置法施行令 41 条１号）。

【問 25】　正解２

難易度	重要度
★★	B

1　正しい。不動産の鑑定評価によって求める価格は、基本的には正常価格であるが、鑑定評価の依頼目的に対応した条件により限定価格、特定価格又は特殊価格を求める場合があるので、依頼目的及び条件に即して価格の種類を適切に判断し、明確にすべきである（不動産鑑定評価基準総論５章３節Ⅰ）。

2　誤り。原価法における再調達原価を求める方法には、直接法及び間接法があるが、収集した建設事例等の資料としての信頼度に応じていずれかを適用するものとし、また、必要に応じて併用するものとする（不動産鑑定評価基準総論７章１節Ⅱ２（２）③）。

3　正しい。取引事例等に係る取引等の時点が価格時点と異なることにより、その間に価格水準に変動があると認められる場合には、当該取引事例等の価格等を価格時点の価格等に修正しなければならない（不動産鑑定評価基準総論７章１節Ⅰ４）。

4　正しい。不動産の価格を形成する要因（価格形成要因）とは、不動産の効用及び相対的稀少性並びに不動産に対する有効需要の三者に影響を与える要因をいい、一般的要因、地域要因及び個別的要因に分けられるが、このうちの一般的要因とは、一般経済社会における不動産のあり方及びその価格の水準に影響を与える要因をいい、自然的要因、社会的要因、経済的要因及び行政的要因に大別される（不動産鑑定評価基準総論３章）。

【問 26】　正解４

難易度	重要度
★	A

ア　誤り。買主がその自宅又は勤務する場所において宅地又は建物の売買契約に関する説明を受ける旨を申し出た場合、当該自宅又は勤務する場

所での契約は、クーリング・オフによる契約の解除の対象にはならない（宅地建物取引業法施行規則16条の5第2号）。

イ　誤り。クーリング・オフによる契約の解除が行われた場合においては、宅地建物取引業者は、買主に対し、速やかに、買受けの申込み又は売買契約の締結に際し受領した手付金その他の金銭を返還しなければならない（宅地建物取引業法37条の2第3項）。たとえ当該金銭を返還しない特約があっても、その特約は買主に不利なものとして無効であり（宅地建物取引業法37条の2第4項）、したがって、Bは、特約があっても、返金を受けられることになる。

ウ　誤り。クーリング・オフによる契約の解除の規定は、宅地建物取引業者間の取引には適用されない（宅地建物取引業法78条2項）。

以上より、正しいものはなく、肢4が正解となる。

【問27】　正解1

難易度	重要度
★★	B

ア　誤り。宅地建物取引業者に対して契約不適合責任を追及する通知期間は、引渡しの日から2年以上となる特約をする場合を除き、民法の規定（不適合を知った時から1年以内）より買主に不利となる特約をすることはできず、これに反する特約は無効となる（宅地建物取引業法40条）。手付金等の保全措置があったからといって、上記の契約不適合責任の特約の制限が適用されなくなるという規定はない。

イ　誤り。民法において、契約不適合責任を追及することができる買主は、追完請求、代金減額請求、損害賠償請求及び契約の解除をすることができる（民法562条、563条、564条）。本肢は、民法の規定より買主に不利な特約であり無効である（宅地建物取引業法40条）。

ウ　誤り。契約不適合責任においては、売主に帰責性がなくても、代金減額請求や契約解除権を行使することができる（民法563条、564条、541条、542条）。本肢は、民法の規定より買主に不利な特約であり無効である（宅地建物取引業法40条）。

エ　正しい。担保責任についての特約の制限は、宅地建物取引業者間の取引には適用されないので、本肢のような特約をすることができる（宅地建物取引業法78条2項）。

以上より、正しいものはエのみであり、肢1が正解となる。

【問28】　正解1

難易度	重要度
★★	A

ア　正しい。宅地建物取引士の登録を受けている者が死亡した場合、その相続人は、死亡した日からではなく死亡の事実を知った日から30日以内に、その旨を登録をしている都道府県知事に届け出なければならない（宅地建物取引業法21条1号）。

イ　正しい。都道府県知事は、不正の手段によって試験を受け、又は受けようとした者に対しては、合格の決定を取り消し、又はその試験を受けることを禁止することができる。また、その処分を受けた者に対し、情状により、3年以内の期間を定めて試験を受けることができないものとすることができる（宅地建物取引業法17条1・3項）。

ウ　正しい。宅地建物取引士の登録を受けている者が、当該登録をしている都道府県知事の管轄する都道府県以外の都道府県に所在する宅地建物取引業者の事務所の業務に従事し、又は従事しようとするときは、当該登録をしている都道府県知事を経由して、移転先の都道府県知事に対して、登録の移転を申請することができる（宅地建物取引業法19条の2本文）。単に住所を変更しただけでは、登録の移転を申請することはできない。

エ　誤り。宅地建物取引士の登録を受けている者の本籍は、宅地建物取引士資格登録簿の登載事項であり、当該事項に変更があったときは、遅滞なく、変更の登録を申請しなければならない（宅地建物取引業法20条、18条2項、同施行規則14条の2の2第1項1号）。

以上より、誤っているものはエのみであり、肢1が正解となる。

【問 29】 正解 2

難易度	重要度
★	A

1　正しい。専任媒介契約を更新する場合には、依頼者Ｂからの申出の場合に限り、３か月を限度として更新することができる（宅地建物取引業法 34 条の２第４項）。

2　誤り。売買の媒介契約の書面には、宅地建物取引業者の記名押印が必要であるが、宅地建物取引士の記名押印までは求められていない（宅地建物取引業法 34 条の２第１項）。

3　正しい。当該建物が既存建物であるときは、媒介契約書に依頼者に対する建物状況調査を実施する者のあっせんに関する事項を記載しなければならない。（宅地建物取引業法 34 条の２第１項４号）。

4　正しい。Ａが売買すべき価額に対して意見を述べるときは、その根拠を明らかにしなければならないが、その方法は口頭でもよい（宅地建物取引業法 34 条の２第２項）。

【問 30】 正解 1

難易度	重要度
★★	A

ア　誤り。宅地建物取引業法 15 条の２は、「宅地建物取引士は、宅地建物取引士の信用又は品位を害するような行為をしてはならない」と規定している。また、宅地建物取引業法の解釈・運用の考え方第 15 条の２関係（信用失墜行為の禁止について）において、「宅地建物取引士の信用を傷つけるような行為とは、宅地建物取引士の職責に反し、又は職責の遂行に著しく悪影響を及ぼすような行為で、宅地建物取引士としての職業倫理に反するような行為であり、職務として行われるものに限らず、職務に必ずしも直接関係しない行為や私的な行為も含まれる。」と規定している。したがって、宅地建物取引業法 15 条の２は、宅地建物取引業の業務に従事するときに限定していない。

イ　誤り。宅地建物取引業に係る営業に関し成年者と同一の行為能力を有しない未成年者は、宅地建物取引士の登録を受けることができない（宅地建物取引業法 18 条１項１号）。しかし、成年者と同一の行為能力を有する未成年者は、成年に達していなくても宅地建物取引士の登録を受けることができ、宅地建物取引業に係る営業に関し許可を得た未成年者が、これに該当する（民法６条１項）。

ウ　誤り。宅地建物取引士は、その氏名又は住所を変更したときは、遅滞なく、変更の登録の申請とあわせて、宅地建物取引士証の書換え交付を申請しなければならない（宅地建物取引業法 20 条、18 条、同施行規則 14 条の 13）。

エ　正しい。宅地建物取引士証の有効期間の更新を受けようとする者は、登録をしている都道府県知事が指定する講習で更新の申請前６か月以内に行われるものを受講しなければならない（宅地建物取引業法 22 条の３第２項）。

以上より、正しいものはエの一つであり、肢１が正解となる。

【問 31】 正解 2

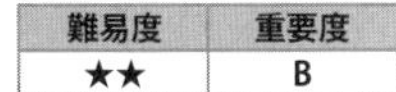

難易度	重要度
★★	B

1　誤り。宅地建物取引業者は、その事務所ごとに、公衆の見やすい場所に国土交通大臣が定めた報酬額を掲示しなければならない（宅地建物取引業法 46 条４項）。当該規定に違反した者は、50 万円以下の罰金に処せられる（宅地建物取引業法 83 条１項２号）。

2　正しい。契約の締結について勧誘をするに際し、一定の事項について、故意に事実を告げず、又は不実のことを告げる行為をしてはならない（宅地建物取引業法 47 条１号）。この規定に違反した者は、２年以下の懲役若しくは 300 万円以下の罰金に処し、又はこれを併科する（宅地建物取引業法 79 条の２）。法人の従業者がこの規定に違反した場合、法人には１億円以下の罰金が科せられることがある（宅地建物取引業法 84 条１号）。

3　誤り。業務の停止の命令に違反して業務を営んだ者は、３年以下の懲役若しくは 300 万円以下の罰金に処し、又はこれを併科する（宅地建物取引業法 79 条４号）。

4　誤り。宅地建物取引士は、重要事項の説明をするときは、説明の相手方に対し、宅地建物取引士証を提示しなければならない。当該提示を怠ったときは、「10万円以下の過料」に処せられる（宅地建物取引業法86条）。

【問32】 正解2

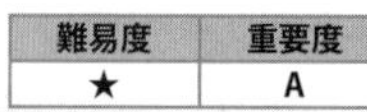

ア　誤り。営業保証金の供託場所は、常に「主たる事務所」の最寄りの供託所である（宅地建物取引業法25条1項、26条2項）。なお供託額についての記述は正しい（宅地建物取引業法25条2項、同施行令2条の4）。

イ　誤り。宅地建物取引業者は、営業保証金が還付されたため、供託額に不足を生じたときは、免許権者より通知を受けた日から「2週間以内」に不足額を供託しなければならない（宅地建物取引業法28条1項、宅地建物取引業者営業保証金規則4条）。

ウ　正しい。宅地建物取引業者は、主たる事務所を移転したためその最寄りの供託所が変更した場合、有価証券のみによって営業保証金を供託しているときや金銭及び有価証券によって営業保証金を供託しているときは、遅滞なく、営業保証金を移転後の主たる事務所の最寄りの供託所に新たに供託しなければならない（宅地建物取引業法29条1項）。なお金銭のみによって営業保証金を供託しているときは、遅滞なく、費用を予納して、営業保証金を供託している供託所に対し、移転後の主たる事務所の最寄りの供託所への営業保証金の保管替えを請求しなければならない。

エ　正しい。宅地建物取引業者が免許を受けてから3カ月以内に、免許権者に対して、営業保証金を供託した旨の届出をしない場合、免許権者は、届出をすべき旨の催告をしなければならず（宅地建物取引業法25条6項）、催告が到達した日から1カ月以内に当該宅地建物取引業者が届出をしないときは、その免許を取り消すことができる（宅地建物取引業法25条7項）。

以上より、誤っているものはア、イの二つであり、正解は肢2となる。

【問33】 正解2

難易度	重要度
★★	A

1　誤り。建物の売買の媒介の場合には、当該建物が都市計画法の準防火地域内にあり、建築基準法61条1項に基づく建物の構造に係る制限があるときは、その概要を説明しなければならないが、貸借の媒介の場合には、説明する必要はない（宅地建物取引業法35条1項2号、同施行令3条1項2号、3項）。

2　正しい。建物の売買の媒介の場合だけでなく、貸借の媒介の場合でも、宅地造成及び特定盛土等規制法の規定により指定された造成宅地防災区域内にあるときは、その旨を説明しなければならない（宅地建物取引業法35条1項14号、同施行規則16条の4の3第1号）。

3　誤り。建物の貸借の媒介の場合であっても、売買の媒介の場合と同様に、建物の上に存する登記された権利の種類及び内容並びに登記名義人等は説明事項であり、登記された抵当権についても説明が必要である（宅地建物取引業法35条1項1号）。

4　誤り。建物の貸借の媒介の場合であっても、当該建物（昭和56年6月1日以降に新築の工事に着手したものを除く。）が建築基準法に規定する指定確認検査機関等の耐震診断を受けたものであるときは、その内容を説明しなければならない（宅地建物取引業法35条1項14号、同施行規則16条4の3第5号）。

【問34】 正解3

難易度	重要度
★	A

1　正しい。売主が手付の倍返しをして契約を解除するには、意思表示をするのみでは足らず、現実の提供を必要とする（判例）。

2　正しい。宅地建物取引業者が自ら売主となる場合において、損害賠償の額を予定し、又は違約金を定めるときは、これらを合算した額が代金の額の2/10を超えることとなる定めをしてはならない（宅地建物取引業法38条1項）。しかし、当該定めがない場合は、損害額を立証すれば、売買代金の額にかかわらず、損害賠償請求ができる。

3　誤り。相手方が契約の履行に着手した場合は、手付による契約の解除をすることができない（判例）。本肢における買主Bの内金の交付は契約の履行の着手にあたるため、売主Aは手付倍返しによる契約の解除をすることができず、Bは、これを拒むことができる。

4　正しい。宅地建物取引業者が自ら売主となる場合において、損害賠償の額を予定し、又は違約金を定めるときは、これらを合算した額が代金の額の2/10を超えることとなる定めをしてはならない（宅地建物取引業法38条1項）。

【問35】　正解4

難易度	重要度
★	A

1　誤り。代金に充当される申込証拠金も手付金等の保全措置の規制対象である手付金等に該当する。そして、未完成物件の売買において代金の額の5％を超える手付金等を受領する場合には、原則として、保全措置が必要となる。本肢において、申込証拠金を受領する時点では代金ではなく保全措置は不要であったが、手付金を受領する時点において5％を超えることになるため、手付金200万円のみならず、申込証拠金5万円についても保全措置を講ずる必要がある（宅地建物取引業法41条1項）。

2　誤り。当該保証委託契約における保証債務は、少なくとも宅地建物取引業者が受領した手付金等の返還債務の全部を保証するものでなければならない（宅地建物取引業法41条2項1号）。

3　誤り。契約の締結の日以後当該宅地又は建物の引渡し前に支払われるもので、代金に充当されるものは、名義を問わず、手付金等の保全措置の規制対象である手付金等に該当する（宅地建物取引業法41条1項本文）。よって、本肢200万円の中間金についても保全措置を講ずる必要がある。

4　正しい。当該保証保険契約における保険期間は、少なくとも保証保険契約が成立した時から宅地建物取引業者が受領した手付金等に係る宅地又は建物の「引渡しまでの期間」でなければならない（宅地建物取引業法41条3項2号）。

【問36】　正解4

難易度	重要度
★★	A

ア　誤り。消費税課税事業者が店舗用建物の貸借の媒介をした場合、依頼者の双方から受領できる報酬の限度額は、借賃の1か月分の1.1倍に相当する金額以内である（国土交通省告示第四）。したがって、Aが受領できる報酬の限度額は、25万円×1.1＝275,000円以内である。なお、権利金（権利設定の対価として支払われる金銭であって返還されないもの）の授受がある場合には、当該権利金の額を売買に係る代金額とみなして報酬計算をすることができるが（国土交通省告示第六）、本肢保証金は、退去時に借主に全額返還されるものであるから、この方法によることはできない。

イ　誤り。宅地建物取引業者が告示の規定による報酬のほかに受けることができるのは、依頼により行う広告料金相当額だけであり、また、費用であれば、特別の依頼により支出を要するもので、その負担について事前に依頼者の承諾があるものでなければ受けることができない（国土交通省告示第九、宅地建物取引業法の解釈・運用の考え方）。

ウ　誤り。低廉な空家等に関する報酬計算の特例は、売買又は交換の場合に適用があり、貸借の場合には適用はない。

以上より、正しいものはなく、正解は4となる。

【問37】　正解4

難易度	重要度
★★	A

1　誤り。案内所等の届出は必要だが、所在場所の届出は不要である。そして、案内所を設置して業務を行うのは、AではなくBであり、Bが届出をする必要がある。すなわち、他の宅地建物取引業者が行う一団の宅地建物の分譲の代理又は媒介を案内所を設置して行うときには、免許権者及び案内所の所在地を管轄する都道府県知事に、業務を開始する10日前までに届出が必要となる（宅地建物取引業法50条2項、同施行規則19条3項、宅地建物取引業法31条の

3第1項、同施行規則15条の5の2第3号)。

2 誤り。 Bは、免許を受けた乙県知事の管轄内に案内所を設置することから、乙県知事のみに届け出ればよい(宅地建物取引業法50条2項)。

3 誤り。 案内所を設置して業務を行うのは、AではなくBであり、Bが乙県知事に届出をしなければならない(宅地建物取引業法50条2項)。

4 正しい。 案内所を設置して業務を行うのは、AではなくBであり、Bが業務を開始する10日前までに乙県知事に届出をしなければならない(宅地建物取引業法50条2項、同施行規則19条3項)。

【問38】 正解2

難易度	重要度
★	A

ア 違反しない。 宅地建物取引業者は、宅地建物取引業者の相手方等が手付を放棄して契約の解除を行うに際し、正当な理由なく、当該契約の解除を拒み、又は妨げる行為をしてはならない(宅地建物取引業法47条の2第3項、同施行規則16条の12第3号)。本肢のように、すでに当該建物の引渡しを終えていた場合は、正当な理由があるといえるため、手付放棄による契約解除の申出を拒むことができる。

イ 違反しない。 宅地建物取引業者は、その業務に関して、宅地建物取引業者の相手方等に対し、手付けについて貸付けその他信用の供与をすることにより契約の締結を誘引する行為をしてはならない(宅地建物取引業法47条3号)。本肢の手付に関し銀行との間の金銭の貸借の斡旋をすることは、契約の締結を誘引する行為に該当しない。

ウ 違反する。 宅地建物取引業者は、その業務に関して、宅地建物取引業者の相手方等に対し、不当に高額の報酬を要求する行為をしてはならない(宅地建物取引業法47条2号)。要求する行為自体を禁止しているため、たとえ実際に受領した報酬の額が国土交通大臣が定めた額の範囲内であったとしても、宅地建物取引業法の規定に違反する。

エ 違反する。 宅地建物取引業者は、宅地建物取引業に係る契約の締結の勧誘をするに際し、宅地建物取引業者の相手方等に対し、一定の行為をしてはならない。当該行為には、「当該勧誘に先立って宅地建物取引業者の商号又は名称及び当該勧誘を行う者の氏名並びに当該契約の締結について勧誘をする目的である旨を告げずに、勧誘を行うこと。」が含まれる(宅地建物取引業法47条の2第3項、同施行規則16条の12第1号ハ)。また、「勧誘に先立って」とは、契約締結のための勧誘行為を開始する前を意味する(「宅地建物取引業法施行規則の一部を改正する命令」の運用について)。したがって、本肢のように、勧誘行為の最中に初めてA社の商号等を告げることは、法令違反となる。

以上より、宅地建物取引業法の規定に違反するものはウエの二つであり、肢2が正解となる。

【問39】 正解1

難易度	重要度
★★	A

ア 正しい。 移転登記の申請時期は、37条書面の必要的記載事項であるため、当事者が宅地建物取引業者であっても、省略することはできない(宅地建物取引業法37条1項5号)。

イ 誤り。 37条書面の記名は宅地建物取引士でなければできないが(宅地建物取引業法37条3項)、当該書面を交付する者については特段の規定はないため、当該宅地建物取引士でなくてもよく、宅地建物取引士ではない会社の代表者や従業員が行ってもよい。

ウ 正しい。 既存建物であるときは、建物の構造耐力上主要な部分等の状況について当事者の双方が確認した事項を37条書面に記載しなければならない(宅地建物取引業法37条1項2号の2)。確認事項がないときは、その旨を記載する。

エ 正しい。 売買契約書に法37条に規定する一定の事項が記載してあり、宅地建物取引士の記名があれば、当該売買契約書をもって37条書面に代えることができる(宅地建物取引業法の解釈・運用の考え方、第37条関係、書面の交付について)。たとえ売買契約書を公正証書で作成したとしても、当該公正証書に宅地建物取引士の記名がなければ、37条書面に代えることはできない。

以上より、誤っているものはイの一つであり、正解は肢1となる。

【問40】 正解3

難易度	重要度
★★	A

1 誤り。宅地建物取引業保証協会は、「全国の宅地建物取引業者を直接又は間接の社員とする一般社団法人による宅地建物取引士等に対する研修の実施に要する費用の助成」の業務を行うことができる（宅地建物取引業法64条の3第2項3号）。

2 誤り。保証協会は、社員が社員の地位を失ったときは、還付請求権者に対し、6か月を下らない一定の期間内に保証協会の認証を受けるため申し出るべき旨を公告しなければならない（宅地建物取引業法64条の11第4項、64条の8）。このことは、当該社員が1週間以内に営業保証金を供託した場合であってもしなければならない。

3 正しい。保証協会は、新たに社員が加入したときは（又は社員がその地位を失ったときも同様）、直ちに、その旨を当該社員である宅地建物取引業者が免許を受けた国土交通大臣又は都道府県知事に報告しなければならない（宅地建物取引業法64条の4第2項）。

4 誤り。保証協会の供託した弁済業務保証金について弁済を受ける権利を有する者がその還付請求をしようとする場合は、当該保証協会の認証を受けなければならない（宅地建物取引業法68条の8第2項）。しかし、還付請求権者には、宅地建物取引業者は含まれていない（宅地建物取引業法64条の3第1項3号）。

【問41】 正解2

難易度	重要度
★★	A

1 正しい。電磁的方法により提供するには、いずれの場合にも提供すべき相手方等の承諾が必要である（宅地建物取引業法35条8項、37条4項）。

2 誤り。重要事項説明書は、専任か否かを問わず宅地建物取引士が記名しなければならない（宅地建物取引業法35条5項）。電磁的方法により提供する場合も専任か否かを問わず宅地建物取引士が明示されていなければならない（宅地建物取引業法35条8項、同施行規則16条の4の8第2項4号）。専任である必要はない。

3 正しい。買主である相手方が宅地建物取引業者である場合には、重要事項の説明は不要である（宅地建物取引業法35条6項）。重要事項説明書を電磁的方法により提供する場合であっても、買主である相手方が宅地建物取引業者である場合には、重要事項の説明は不要である（宅地建物取引業法35条9項）。

4 正しい。電磁的方法により37条書面を提供する場合は、相手方等が書面の状態で確認できるよう、書面に出力可能な形式で提供することが必要である（宅地建物取引業法37条4項、同施行規則16条の4の12第2項1号）。

【問42】 正解2

難易度	重要度
★★	B

ア 正しい。宅地建物取引業者は、宅地又は建物に係る信託（当該宅地建物取引業者を委託者とするものに限る。）の受益権の売主となる場合における売買の相手方に対して、重要事項の説明をしなければならないのが原則であるが、金融商品取引法2条31項に規定する特定投資家を信託の受益権の売買の相手方とする場合には説明を省略することができる（宅地建物取引業法35条3項、同施行規則16条の4の4第1項1号）。

イ 誤り。宅地建物取引業者は、宅地又は建物に係る信託（当該宅地建物取引業者を委託者とするものに限る。）の受益権の売主となる場合における売買の相手方に対して、その者が取得しようとしている信託の受益権に係る信託財産である宅地又は建物に関し、その売買の契約が成立するまでの間に、宅地建物取引士をして、一定の事項を記載した書面を交付して説明させなければならない（宅地建物取引業法35条3項）。

ウ 誤り。宅地建物取引業者が、宅地又は建物に係る信託（当該宅地建物取引業者を委託者とするものに限る。）の受益権の売主となる場合において、当該信託財産である宅地又は建物の瑕疵を担保すべき責任の履行に関し保証保険契約の締結その他の措置で一定のものを講じられているときは、その概要を重要事項として説明しなければならない（宅地建物取引業法35条3項7号、同施行規則16条の4の7第7号）。

エ　正しい。宅地建物取引業者は、宅地又は建物に係る信託（当該宅地建物取引業者を委託者とするものに限る。）の受益権の売主となる場合における売買の相手方に対して、重要事項の説明をしなければならないのが原則であるが、信託の受益権の売買契約の締結前1年以内に売買の相手方に対し当該契約と同一の内容の契約について書面を交付して説明をしている場合には説明を省略することができる（宅地建物取引業法35条3項、同施行規則16条の4の4第1項2号）。

以上より、誤っているものはイとウであり、肢2が正解となる。

【問43】 正解1

難易度	重要度
★	A

1　正しい。誇大広告等を行うこと自体が禁止されているのであり（宅地建物取引業法32条）、損害等を被った者の有無を問わず、誇大広告等を行っただけで宅地建物取引業法違反となる。

2　誤り。宅地建物取引業者は、「現在もしくは将来の利用の制限、環境もしくは交通その他の利便」について、誇大広告等をしてはならない（宅地建物取引業法32条）。

3　誤り。広告制作会社に広告制作を依頼しても、広告主は依頼者である宅地建物取引業者であり、当該広告が誇大広告等であれば、当該宅地建物取引業者が宅地建物取引業法違反となる（宅地建物取引業法32条）。

4　誤り。宅地建物取引業者は、「代金もしくは交換差金に関する金銭の貸借のあっせん」についても、誇大広告等をしてはならない（宅地建物取引業法32条）。

【問44】 正解3

難易度	重要度
★★	B

1　誤り。国土交通大臣は、すべての宅地建物取引業者に対して、宅地建物取引業の適正な運営を確保し、又は宅地建物取引業の健全な発達を図るため必要な指導、助言及び勧告をすることができる。ちなみに、都道府県知事は、当該都道府県の区域内で宅地建物取引業を営む宅地建物取引業者に対して、必要な指導等をすることができる（宅地建物取引業法71条）。

2　誤り。宅地建物取引業を営む信託会社については、国土交通大臣の免許を受けた宅地建物取引業者とみなして、宅地建物取引業法の規定が適用されるが、免許に関する規定及び免許取消処分に関する規定は適用されない（宅地建物取引業法77条1・2項）。よって、業務に関し取引の関係者に損害を与えたときは（又は損害を与えるおそれが大であるときも同じ）、指示処分・業務停止処分を受けることはあっても（宅地建物取引業法65条）、免許取消処分を受けることはない。

3　正しい。都道府県知事は、業務停止処分又は免許取消処分（宅地建物取引業法67条による公告による免許取消しの場合は除く。）をしたときは、当該都道府県の公報又はウェブサイトへの掲載その他の適切な方法によって、その旨を公告しなければならない（宅地建物取引業法70条1項、同施行規則29条）。なお、この公告は、国土交通大臣の処分に係るものにあっては官報によるものとする。ちなみに、指示処分の場合には、このような公告は不要である。

4　誤り。都道府県知事は、指示処分をしようとするときも、弁明の機会の付与という手続きではなく、聴聞を行わなければならない（宅地建物取引業法69条1項）。この聴聞の期日における審理は、公開により行わなければならない（宅地建物取引業法69条2項、16条の15第5項）。

【問45】 正解4

難易度	重要度
★★★	A

1　誤り。宅地建物取引業者は、基準日（毎年3

月31日）から3週間を経過する日までの間において、当該基準日前10年間に自ら売主となる売買契約に基づき買主に引き渡した新築住宅について、当該買主に対する特定住宅販売瑕疵担保責任の履行を確保するため、住宅販売瑕疵担保保証金の供託をしていなければならないが（保険加入している場合はその分を除く。）、この供託は宅地建物取引業者の主たる事務所の最寄りの供託所にする（履行確保法11条1項、6項）。

2　誤り。新築住宅を引き渡した宅地建物取引業者は、基準日ごとに、当該基準日に係る住宅販売瑕疵担保保証金の供託及び住宅販売瑕疵担保責任保険契約の締結の状況について、基準日から3週間以内に、その免許を受けた国土交通大臣又は都道府県知事に届け出なければならない（履行確保法12条1項、同施行規則16条1項）。

3　誤り。自ら売主となる新築住宅の売買契約の新たな締結が制限される場合がある。すなわち、新築住宅を引き渡した宅地建物取引業者が、住宅販売瑕疵担保保証金の供託をし、かつ、その届出をしなければ、当該基準日の翌日から起算して50日を経過した日以後においては、新たに自ら売主となる新築住宅の売買契約を締結することはできない。ただし、当該基準日後に当該基準日に係る住宅販売瑕疵担保保証金の基準額に不足する額の供託をし、かつ、その供託について、その免許を受けた国土交通大臣又は都道府県知事の確認を受けたときは、その確認を受けた日以後においては、この限りでない（履行確保法13条）。

4　正しい。履行確保法においても、宅地建物取引業者による供託所の所在地等に関する説明が義務付けられている。供託宅地建物取引業者は、自ら売主となる新築住宅の買主に対し、当該新築住宅の売買契約を締結するまでに、その住宅販売瑕疵担保保証金の供託をしている供託所の所在地その他住宅販売瑕疵担保保証金に関し国土交通省令で定める事項について、これらの事項を記載した書面（買主の承諾を得て電磁的方法により提供する場合を含む。）を交付して説明しなければならない（履行確保法15条）。

【問46】　正解4

難易度	重要度
★★	B

1　正しい。機構は、住宅の建設、購入、改良若しくは移転をしようとする者又は住宅の建設等に関する事業を行う者に対し、必要な資金の調達又は良質な住宅の設計若しくは建設等に関する情報の提供、相談その他の援助を行う（独立行政法人住宅金融支援機構法13条1項4号）。

2　正しい。機構は、災害復興建築物の建設若しくは購入又は被災建築物の補修に必要な資金の貸付けを行う（独立行政法人住宅金融支援機構法13条1項5号）。

3　正しい。機構は、マンションの共用部分の改良に必要な資金の貸付けを行う（独立行政法人住宅金融支援機構法13条1項7号）。

4　誤り。機構は、子どもを育成する家庭又は高齢者の家庭に適した良好な居住性能及び居住環境を有する賃貸住宅の建設又は改良に必要な資金の貸付けを行う（独立行政法人住宅金融支援機構法13条1項8号）。しかし、かかる性能及び環境を有する住宅であっても、自ら居住するためのものの購入に必要な資金の貸付けは行わない。

【問47】　正解1

難易度	重要度
★★	B

1　誤り。団地と駅その他の施設との間の道路距離又は所要時間は、取引する区画のうちそれぞれの施設ごとにその施設から最も近い区画（マンション及びアパートにあっては、その施設から最も近い建物の出入口）を起点として算出した数値ともに、その施設から最も遠い区画（マンション及びアパートにあっては、その施設から最も遠い建物の出入口）を起点として算出した数値も表示する（公正競争規約施行規則9条8号）。

2　正しい。地目は、登記簿に記載されているものを表示する。この場合において、現況の地目と異なるときは、現況の地目を併記する（不動産の表示に関する公正競争規約施行規則９条19号)。

3　正しい。修繕積立金については、１戸当たりの月額を表示する。ただし、住戸により修繕積立金の額が異なる場合において、その全ての住宅の修繕積立金を示すことが困難であるときは、最低額及び最高額のみで表示することができる（不動産の表示に関する公正競争規約施行規則９条43号)。

4　正しい。分譲宅地の価格については、パンフレット等の媒体を除き、１区画当たりの最低価格、最高価格及び最多価格帯並びにその価格帯に属する販売区画数のみで表示することができる。また、この場合において、販売区画数が10未満であるときは、最多価格帯の表示を省略することができる（公正競争規約施行規則９条36号)。

【問48】 正解３

難易度	重要度
★★	A

1　正しい。年次別法人企業統計調査(令和４年度。令和５年９月公表）によれば、令和４年度の不動産業の売上高は約46兆2,682億円で、対前年度比で4.8%減少し、２年ぶりの減少となった。

2　正しい。年次別法人企業統計調査(令和４年度。令和５年９月公表）によれば、令和４年度の不動産業の営業利益は約４兆6,592億円で、対前年度比で13.2%減少し、３年ぶりの減少となった。

3　誤り。建築着工統計調査報告（令和５年計。令和６年１月公表）によれば、令和５年の新設住宅着工は、持家、貸家及び分譲住宅が減少したため、全体で減少となった。

4　正しい。令和６年地価公示(令和６年３月公表)によれば、令和５年１月以降の１年間の地価変動率を用途別にみると、全国平均では、全用途平均、住宅地、商業地のいずれも３年連続で上昇し、上昇率が拡大した。

【問49】 正解３

難易度	重要度
★	A

1　誤り。本肢は埋立地についての記述である。干拓地は、海面以下の場合が多いので、一般には宅地としてはあまり好ましくない。

2　誤り。台地、段丘、丘陵地は、一般に水はけもよく、地耐力もあり、また洪水や地震に対する安全度も比較的高いので、一般的にいって宅地としては好条件のところである。しかし、本肢のような場所は、地震に対する安全度も低く、水害の危険が高く、宅地には適さない。

3　正しい。旧河道や池、沼を埋めたところは、洪水のときはその流路になりやすく、また、冠水しがちであるだけでなく、地盤が軟弱で地震の被害も大きいところであるから、宅地としては避けるべきである。

4　誤り。土石流が再度発生した場合など流されてしまうおそれがあり、宅地に適さない。特に谷の出口にあたる部分は、鉄砲水等のおそれがあり、危険である。時間が経過していても、同様である。

【問50】 正解４

難易度	重要度
★★	B

1　適当である。建築物に用いる木材は、繊維飽和点（30%程度の含水率）以下では、乾燥しているほど強度が大きくなる。

2　適当である。枠組壁工法いわゆるツーバイフォー工法は、輸入板材による枠組みに構造用合板を打ちつけた床と壁を組み立てるものであり、床、壁、天井、屋根などがパネル化しているため構造強度が強く、床、壁、屋根で地震など外力に抵抗するもので、特に耐震性が高い。

3　適当である。木材に一定の力をかけたときの圧縮に対する強度は、繊維に直角方向よりも、繊維方向のほうが大きい（５倍から10倍程度)。

4　不適当である。鉄の性質は炭素量が大きく影響するが、一般的には炭素の含有量が多いほど、比重・熱膨張率・熱伝導率等が減少する。すなわち、鉄は硬くてもろくなる。鋼は、炭素含有量が少なくおよそ２%以下であり、鉄骨造にお

ける鉄骨は、一定の伸びが必要なので、一般に
炭素含有量が少ない鋼が用いられる。

» 宅建士講座　試験直前期の8月スタート

令和6年度受験

宅建超短期合格コース

受講料 95,000円（税込104,500円）

受講料内訳：エントリー講座（40,000円（税込44,000円））＋宅建超短期合格コース（45,000円（税込49,500円））＋直前特別対策講座（10,000円（税込11,000円））

合否を分けるポイントを試験直前期に集中学習!宅建士合格に向け総仕上げ

エントリー講座で基本事項や頻出項目を学習した後は、集中型のカリキュラムで受験生が間違いやすい項目や、合否を分ける項目を中心に学習する宅建超短期合格コース「要点整理」がスタート。アウトプットを見据えた講義とタイムリーに実施される各種テストにより、合格に必要な知識や、法的思考力を養成します。「要点整理」の後は科目別の問題演習により、質・量ともに徹底したアウトプットを行う「演習講座」で得点力や応用力を強化。さらに学習の総仕上げとして「公開統一模試」で本試験のシミュレーションを行い、「直前特別対策講座」で頻出重要論点の確認、法改正や最新動向も含めた出題可能性の高い全項目を網羅的に学習します。

カリキュラム

エントリー講座（詳細は3頁先に掲載）

＋

▶ 要点整理　通学映像　計20時間

単位	講義内容
1	権利関係
2	宅建業法1
3	宅建業法2
4	法令上の制限/税・価格

▶ 直前特別対策講座　計18時間

単位	講義内容
1	権利関係
2	宅建業法
3	法令上の制限/税・価格
4	5問免除科目

※上記講義内容の科目進行は教室により異なります。

▶ 演習講座　インタ・ライブ講義 or 通学映像　計約27.5時間

単位	講義内容
1	権利関係
2	宅建業法
3	法令上の制限/税・その他
4	総合答練・宅建士模試

※上記講義内容の科目進行は教室により異なります。

▶ 公開統一模擬試験　インタ・ライブ講義 or 通学映像　計7.5時間

単位	講義内容
1	公開統一模擬試験①②

▶ 令和6年度 宅地建物取引士資格試験 本試験

10/20(日)(予定)	13:00～15:00(予定)

※試験制度の変更などにより、試験スケジュール、講座日程および学習する内容、カリキュラム、科目進行、受講料等について、変更を行う場合があります。※インタ・ライブ講義は教室によっては通学映像の講義となる場合がありますので、必ず最寄校までご確認ください。<令和6年6月17日現在>

オリジナル教材

当学院の指導ノウハウを凝縮

当学院の教材は、直接受講生を指導する講師陣および講習開発スタッフたちによる執筆。長年にわたる指導ノウハウを凝縮した、言わば「受講生の声が反映された教材」。受講生が理解しやすい説明の仕方を知っているからこそ、毎年受講生から高い評価を得る、実績抜群の教材を提供することができます。テキストには「条文研究」や「判例研究」を掲載し、出題が予想される条文や判例対策も万全です。

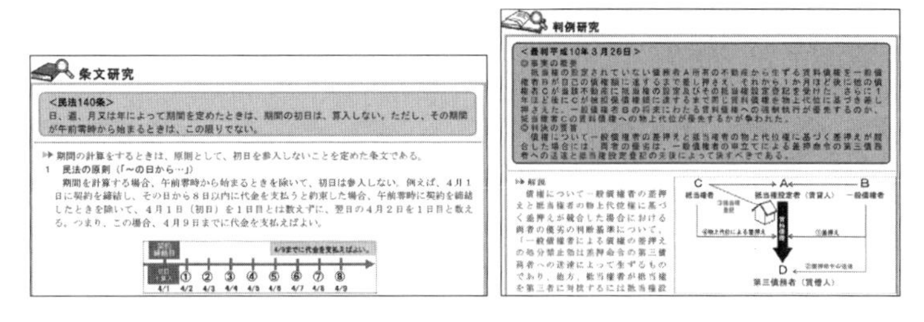

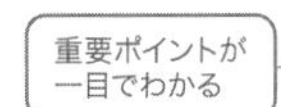

■受講生目線の教材

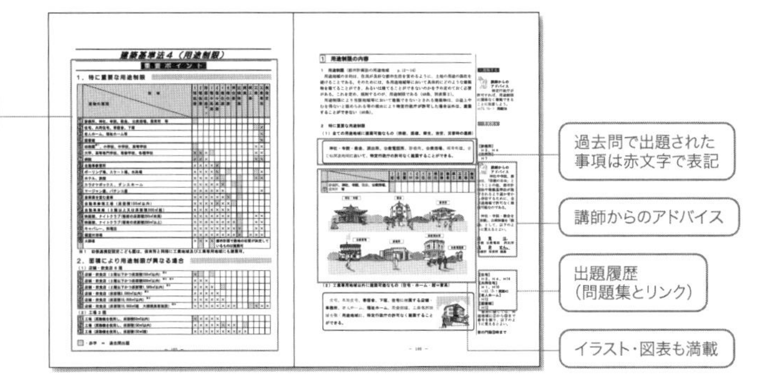

合格ダイアリー

学習状況を確認し、効果的な学習方法をアドバイス！

宅建士合格に必要なのは、日々の学習の継続です。大半の資格スクールでは、自宅での学習は本人任せですが、当学院では毎日の学習管理もしっかりサポート。「合格ダイアリー」で日々の予定を確認し、効果的な学習方法をアドバイスします。

合格までのすべての時間を無駄なく効率的に管理！

受講生の記入しやすさ、使いやすさを追求！

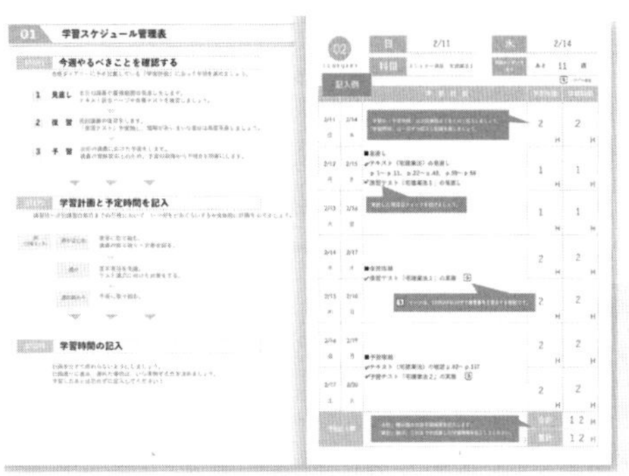

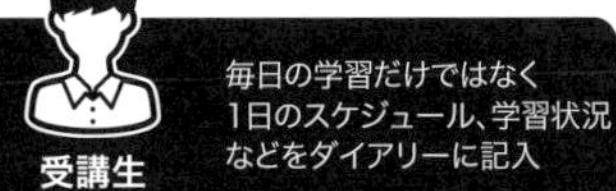

受講生
毎日の学習だけではなく
1日のスケジュール、学習状況などをダイアリーに記入

〇〇××
受講生一人ひとりに合わせた効果的な学習方法や時間の使い方をアドバイス

※画像は過年度版を含みます。

令和7年度受験

宅建パーフェクト合格必勝コース

セット割引受講料

260,000円（税込286,000円）

受講料内訳：エントリー講座（40,000円（税込44,000円））＋ 宅建合格必勝コース（220,000円（税込242,000円））

令和7年度受験

宅建合格必勝コース

受講料 **220,000円（税込242,000円）**

講義とタイムリーな各種テストで知識や思考方法を養成!

アウトプットを見据えた講義とタイムリーに実施される各種テストにより、合格に必要な知識や、法的思考力を養成します。さらに重要論点を網羅的に出題して、質・量ともに徹底したアウトプットを行う「演習講座」で、得点力や応用力を強化。学習の総仕上げとして「公開統一模試」で本試験のシミュレーションを行い、本試験への準備を万全にします。

受講生の理解状況に応じた「双方向」で丁寧な学習指導

【完全予約制】
オンライン個別質問会

講師と受講生の一対一の面談をオンラインミーティングツールを通じて実施。学習内容についての質問はもちろん、勉強方法やモチベーション維持の方法についてのご相談についても対応します!

カリキュラム

▶開講ガイダンス　計5時間

1	開講ガイダンス

▶本講座　インタ・ライブ講義 or 通学映像　計83時間

単位	科目	主な講義項目
1	民法1	制限行為能力者、意思表示、代理、時効　他
2	民法2	不動産物権変動、所有権、抵当権　他
3	民法3	債務不履行と売買、債権の消滅、多数当事者の債務　他
4	宅建業法1	宅建業の定義、免許、営業保証金　他
5	宅建業法2	保証協会、宅地建物取引士、媒介契約　他
6	宅建業法3	重要事項説明、37条書面、三大書面のまとめ　他
7	法令制限1	都市計画法
8	法令制限2	建築基準法
9	法令制限3	国土利用計画法、農地法、宅地造成等規制法　他
10	民法4	賃貸借、使用貸借　他 実力診断模擬試験①
11	民法5	委任、請負、不法行為、相続　他
12	特別法講義	借地借家法、区分所有法、不動産登記法
13	宅建業法4	自ら売主規制、履行確保法　他
14	宅建業法5	報酬、その他の規制、監督処分、罰則　他
15	税・その他1	地方税、国税、不動産鑑定評価基準、地価公示法
16	その他2	住宅金融支援機構、景表法、統計、土地、建物

※講義開始30分前から、講義準備及び学習効率向上のためのテストを実施します。
※上記講義内容の科目進行は教室により異なります。
※上記講義内容のほか補講用映像を受講できます。

計5時間

17	実力診断模擬試験②

▶演習講座　インタ・ライブ講義 or 通学映像　計27.5時間

単位	主な講義項目
1	権利関係
2	宅建業法
3	法令上の制限/税・その他
4	総合答練・宅建士模試

※上記講義内容の科目進行は教室により異なります。

▶公開統一模擬試験　 or 通学映像　計7.5時間

単位	講義内容
1	公開統一模擬試験①②

▶令和7年度　宅地建物取引士資格試験　本試験

10/19(日)（予定）	13:00～15:00（予定）

※試験制度の変更などにより、試験スケジュール、講座日程および学習する内容、カリキュラム、科目進行、受講料等について、変更を行う場合があります。
※インタ・ライブ講義は教室によっては通学映像の講義となる場合がありますので、必ず最寄校までご確認ください。

<令和6年6月17日現在>

受験生の多くが苦手とする権利関係の土台を養成する

通学映像

エントリー講座（権利関係）

権利関係の
本試験出題数
50問中
14問

本試験に的を絞った効率学習で
権利関係の得点力アップをめざす！

カリキュラム（講義 全4回）計約14時間

単位	講義内容
1	ガイダンス、権利関係入門、意思表示、債務不履行と売買
2	制限行為能力者、代理、相続
3	賃貸借、借地借家法
4	不動産物権変動、抵当権、区分所有法

オリジナル教材

■ エントリー講座（権利関係）テキスト
■ エントリー講座（権利関係）ワークブック

実務経験のない方にもわかりやすく、図や表で視覚的に学ぶ法令上の制限

通学映像

エントリー講座（法令上の制限）

法令上の制限の
本試験出題数
50問中
8問

合格の要となる法令上の制限で
他の受験生との差をつける！

カリキュラム（講義 全2回）計約7時間

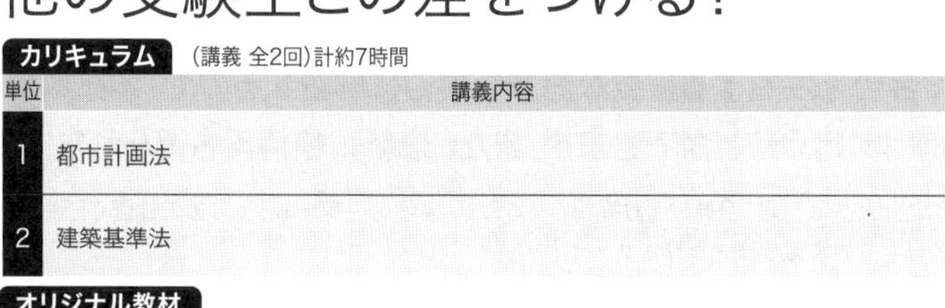

単位	講義内容
1	都市計画法
2	建築基準法

オリジナル教材

■ エントリー講座（法令上の制限）ワークブック
※宅建合格必勝コースの「テキスト（法令上の制限）」および「問題集（法令上の制限）」も使用します。

宅建士試験全体の4割を占める宅建業法の要点を捉えて得点源に

通学映像

エントリー講座（宅建業法）

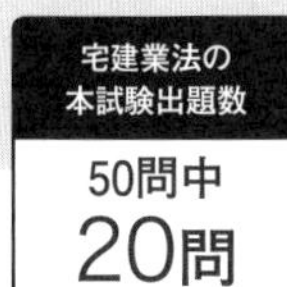

宅建業法を得意科目にすることが
宅建士合格への最大の鍵!!

カリキュラム（講義 全3回）計約10.5時間

単位	講義内容
1	宅建業者免許、宅地建物取引士、営業保証金
2	媒介契約書、重要事項説明書、37条書面
3	自ら売主規制、報酬

オリジナル教材

■ エントリー講座（宅建業法）ワークブック
※宅建合格必勝コースの「テキスト（宅建業法）」および「問題集（宅建業法）」も使用します。

※上記内容は、令和6年6月17日現在のもので、変更となる場合があります。

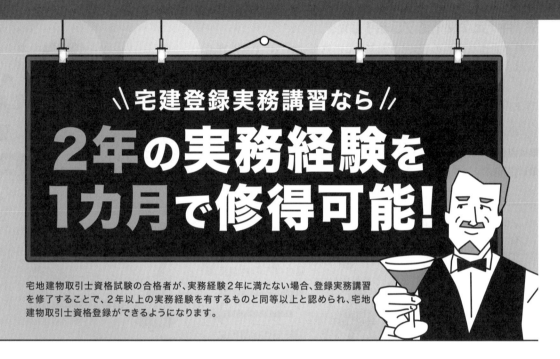

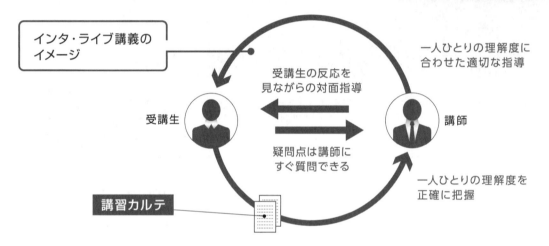

令和5年度
宅地建物取引士 合格体験記

大山　英李さん 合格時 39歳

受講講座名　宅建パーフェクト合格必勝コース

勤務先業種　建築設計事務所兼不動産会社

職種　企画設計・営業事務

Q　現在の仕事の道に進もうと思ったきっかけをお聞かせください。

A　**転職してもできるだけ建築に関わりたい**

建築デザイン系の大学を卒業して住宅デザインに興味を持ち、住宅営業の道へ進みましたが、営業職に向いていない自分との葛藤の日々を経て転職を考えました。ただ、建築に関わる仕事は続けたかったので現在の会社へ転職しました。

Q　宅建士試験の受験を決断した理由・きっかけをお聞かせください。

A　**会社からの後押し**

昨年、2級建築士資格を取得した際に、社長より宅建士取得をすすめられたのがきっかけです。

Q　勉強の時間のつくり方について、苦労した・工夫した点をお教えください。

A　**毎日最低2時間、メリハリをつけての勉強**

まずは生活リズムを変更しました。また、体調不良になると勉強のリズムが崩れるので、体調管理はもちろん、無理は禁物なので、定期的なガス抜きも行いました。

Q　学院で学習した内容が、お仕事で活かせたエピソードをお聞かせください

A　**賃貸借契約の内容や重要事項の内容**

契約書や重要事項を作成する際、今までだと雛形通りに入力するのがほとんどでしたが、学習が進むにつれ、業務の内容や必要事項等が理解できるようになり、書類の確認時に不足事項の追記や現地確認での必要チェック項目が増えたと思います。

Q　講義で一番役に立ったこと、助けになったことを教えてください

A　**講師のポイント資料とゴロ合わせ**

資料や語呂合わせは何度も見返しました。講師から「テキストの表は毎日みるのがいい」と教えてもらい、実際、毎日確認して追記したりしました。語呂合わせも、毎日、声に出して言っていたので、本当にちゃんと覚えることができました。

Q　ズバリ、宅建士合格のポイントはどこですか?

A　**分からないことをそのままにせず最後まで諦めないこと**

「分からない」「間違えた」をそのままにしないことだと思います。よく教務スタッフが「分からない、間違えた、はチャンス」だと話していました。そこが弱点だから、そこを中心に勉強すれば良いと。間違えた問題と向き合ってきたからこそ合格できたのだと思います。

Q　御自身の経験を元に資格取得をめざす方へアドバイスをお願いします。

A　**大変なことは沢山ありますが、学院の宿題や講義、テストは確実に力になりますので、最後まで諦めないでがんばって下さい!**

資格取得をめざすきっかけは人それぞれ。置かれている環境や、抱える悩みも人それぞれ。
しかし、めざすところはただ一つ。「合格」の2文字です。
令和5年度宅建士合格を勝ち取った総合資格学院OBの困難克服法や必勝法など、
一人ひとりの合格ストーリーをお届けします。

根本 寛司さん 合格時 35歳

受講講座名	宅建パーフェクト合格必勝コース
勤務先業種	ハウスメーカー
職種	戸建営業

Q 現在の仕事の道に進もうと思ったきっかけをお聞かせください。

A **一生に一度の家づくりに携わりたい**
小学一年生の時に実家を新築したのですが、土地の提案から間取りの提案まで親身に相談に乗ってくれたハウスメーカーの担当者がかっこよく、その姿に憧れて将来住宅業界で働きたいと思ったのがきっかけです。

Q 宅建士試験の受験を決断した理由・きっかけをお聞かせください。

A **プロとして信頼してもらえるように**
住宅営業の仕事は、土地の提案からはじまりますが、その際に私の知識不足で、お客さまに誤った情報をお伝えしてしまうことがありました。信頼関係が大きく影響する仕事ですので、宅建士の資格を取得し、プロとしての対応をしたいと思い受験しました。

Q 独学または、他の学校利用ではなく「総合資格学院」に決めた理由をお聞かせください。

A **直接教えてくれるライブ講義**
独学で2回チャレンジしましたが、思うように点数が伸びませんでした。なので次は、資格学校へ通うことに決め、様々な学校を比べた結果、総合資格学院は映像講義ではなく、講師が直接講義をしてくれると知り受講を決めました。

Q 講義で一番役に立ったこと、助けになったことを教えてください。

A **講師の体験談**
私たちの記憶に残るよう、いつもポイントごとに自身の体験談を踏まえ説明してくれたことで、頭に入ってきやすかったです。

Q ズバリ、宅建士合格のポイントはどこですか？

A **考え方を変えて弱点の克服**
権利に苦手意識があり、思うように点数が伸びませんでした。講師からの教えで権利に対する考え方を変えてみると、学習が楽しくなり高得点につながりました。

Q 今後の目標や抱負、また、次に取得をめざしている資格があればお聞かせください

A **サポートしてくれた会社に恩返しができるように、宅建士として立派に貢献していきたいです。また今年はさらなるステップアップのため、新たな資格取得にチャレンジしたいと思います。**

令和６年度版　必勝合格　宅建士直前予想模試

発行日　2024年７月10日
発行人　岸　和子
企画・編集　総合資格学院
〔今川義威、月岡洋人、松岡祥代〕
発行　株式会社 総合資格
〒163-0557　東京都新宿区西新宿1-26-2 新宿野村ビル22Ｆ
電話　03-3340-3007（内容に関するお問合せ先）
03-3340-6714（販売に関するお問合せ先）
03-3340-3082（プレゼントに関するお問合せ先）
URL　株式会社 総合資格　http://www.sogoshikaku.co.jp/
総合資格学院HP　https://www.shikaku.co.jp/
総合資格学院出版サイト　https://www.shikaku-books.jp/
本文レイアウト・DTP　朝日メディアインターナショナル 株式会社
マンガ・イラスト　てらかわよしこ
印刷　セザックス 株式会社

ISBN978-4-86417-519-7 C2032
Printed in Japan